불자의 살림살이

우룡스님 지음

효림

불자의 살림살이

| 초　판 | 1쇄 펴낸날 | 2002년 11월 　7일 (초판 11쇄 발행) |
| 개정판 | 4쇄 펴낸날 | 2021년 　2월 24일 |

지은이　우룡큰스님
엮은이　김현준
펴낸이　김연지
펴낸곳　효림출판사

등록일　1992년 1월 13일 (제 2-1305호)
주　소　서울특별시 서초구 반포대로14길 30, 907호 (서초동, 센츄리Ⅰ)
전　화　(02) 582-6612, 587-6612, 010-7252-6612
팩　스　(02) 586-9078
이메일　hyorim@nate.com

값 5,000원

ⓒ 효림출판사. 2002
ISBN 978-89-85295-84-0(03220)

※ 파본이나 잘못 만들어진 책은 바꾸어 드립니다.
　이 책은 저작권법에 따라 보호를 받는 저작물이므로 무단전재와 무단복제를 금지합니다.

서 문

불기 2546년 5월부터 9월까지 월간 『법공양』에 연재하였던 글을 한데 엮어 《불자의 살림살이》라는 제목으로 출간하게 되었습니다. 왜 이와 같은 제목을 붙이게 되었는가?

'불자'는 장차 부처가 될 부처님의 아들딸이요, '살림'은 살린다는 뜻이며, '살이'는 삶입니다. 이 제목의 뜻 그대로, 《불자의 살림살이》는 스스로를 살리고 주위를 살리는 삶을 살면서 행복과 깨달음의 자리로 나아가는 방법이 무엇인지를 함께 생각해보기 위해 쓴 글입니다.

아울러 행복을 얻는 원리, 가족 사랑의 원리, 기도 성취의 원리 등 불자들이 꼭 알고 새겨야 할 삶의 원리를 밝히고자 하였으며, 생활 속에서 가정의 평화를 이루고 참불자가 되고 불성을 개발하는 법에 대해서도 부처님의 가르침에 입각하여 정립해 보았습니다.

　이 한 권의 조그마한 책을 통하여 우리 불자들이 참된 불자의 길을 걸어 진정(眞情)을 체험하고, 모든 응어리를 풀어 행복을 증득하며, 평온과 지혜가 깃든 삶을 영위할 수 있기를 두 손 모아 축원드립니다.

　모든 불자들이 자타를 함께 살리는 살림살이를 이루어 다같이 성불하여지이다.

불기 2546년 10월 23일
雨龍 합장

차례 / 불·자·의·살·림·살·이

· 서문 …… 5

Ⅰ. 부처님을 믿는 불자 · 9

- 인과의 도리부터 믿어라 … 11
- 인과를 깨우치는 이야기 둘 … 15
- 내가 '나'를 속인다 … 25

Ⅱ. 불자의 정 · 부처님의 자비 · 35

- 부처와 진리와 하나님의 차이점 … 37
- 가족을 향해 절을 하라 … 48
- 절을 통해 진정眞情을 체험하자 … 55

차례 / 불·자·의·살·림·살·이

Ⅲ. 복을 가꾸며 사는 불자 · 65

- 복 짓는 삶, 까먹는 삶 … 67
- 보이지 않는 복을 쌓아라 … 73
- 보이지 않으면 없는 것인가? … 79
- 복은 인간의 몸을 받았을 때 … 86

Ⅳ. 불자의 길 불자의 삶 · 93

- 착각에서 깨어나라 … 95
- 먼저 가족에게 잘하라 … 102
- 응어리가 문제이다 … 107
- 참회 속에서 열리는 극락 … 118

Ⅴ. 평온과 지혜가 깃든 삶 · 123

- 지혜로 업을 다스리며 … 125
- 모두가 부처님이 하는 일 … 134
- 기도하며 지성껏 살아라 … 141

I
부처님을 믿는 불자

인과의 도리부터 믿어라

가히 백천 겁을 경과할지라도
지은 바 업은 없어지지 않나니
인과 연이 서로 만나는 그때
과보를 면하기 어렵게 되느니라

　　假使百千劫　가사백천겁
　　所作業不亡　소작업불망
　　因緣來遇時　인연래우시
　　果報難免矣　과보난면의

　우리 불자들 중에는 부처님을 '나'의 욕심을 채워주는 분으로 착각하는 이들이 있습니다. 그들은 '나'의 욕심을 채우기 위해 기도를 하고, '나'의 욕심을 채우기 위해 불사(佛事)에 동참합니다.

그러나 부처님은 '나'의 욕심을 채워주는 분이 아닙니다. 오히려 그 반대입니다. 6년 고행 끝에 대도를 이루신 석가모니 부처님께서는 스스로 감탄을 하여 말씀하셨습니다.

"아! 기특하도다. 모든 중생들이 다 이와 같은 지혜와 덕상(德相)을 갖추었건만, 망상(妄想)에 집착되어 스스로 체득하지 못하는구나. 만약 이 망상에 대한 집착만 여읜다면 바로 일체지(一切智)·자연지(自然智)·무사지(無師智)를 얻게 되는 것을!"

어느 중생에게나 완벽한 지혜와 덕상을 갖춘 불성(佛性)이 있다는 것을 체득한 부처님께서는 45년 동안 한결같이 부처가 되는 길을 설하셨습니다. 그러나 스스로가 불성을 지닌 존재라는 사실조차 감지하지 못하는 둔근(鈍根)의 중생들은, 스스로의 불성을 개발하기 보다는 절대적인 존재에 매달려 구원을 받는 것을 더 좋아했습니다.

이에 부처님께서는 중생들 삶의 뿌리가 되는 인과(因果)의 법칙부터 가르쳤습니다. 절대적인 존재에 매달려 구원을 받으려 하기에 앞서, '씨앗이 열매가 된다'

는 인과의 도리를 굳게 믿을 것을 설하셨습니다.

"이 세상에 '나'의 업을 바꿀 수 있는 절대적인 존재는 없다. 업의 씨를 심는 이도 '나'요, 업의 열매를 거두는 이도 '나'이며, 맺힌 업을 푸는 이도 '나'이니, 인과의 도리를 믿고 인과에 순응하며 살아가라. 그래야만 복되고 향상된 길로 나아갈 수 있다."

"인과의 법칙 속에서 욕심을 버리고 수행의 길을 한 걸음 한 걸음씩 내딛고 좋은 일을 한 가지씩 한 가지씩 실천하라. 꾸준히 나아가면 누구든지 완전한 인격자인 부처가 되어 최상의 행복을 누릴 수 있게 된다."

이렇게 부처님께서는 불문(佛門)으로 들어오는 모든 불자들에게 결코 변하지 않는 인과의 도리부터 철저히 믿을 것을 강조했습니다. 씨앗이 열매가 되는 너무나 당연한 도리! '좋은 씨를 심으면 좋은 열매가 열리고, 나쁜 씨를 심으면 나쁜 열매가 맺힌다'는 선인선과(善因善果) 악인악과(惡因惡果)의 도리부터 철저히 가르치신 것입니다.

하면, 불자인 '나'는 어떠합니까? 너무나도 쉽고 너무나도 당연한 인과의 법칙을 확실히 믿고 있습니까? 혹 '나'의 욕심에 사로잡혀 인과의 도리를 무시하며 살지는 않습니까? '나'의 욕심을 충족시키기 위해 부처님을 받들고 불교를 믿고 있는 것은 아닙니까?

　이제 두 가지 옛 이야기를 통하여 인과의 도리에 대한 우리의 믿음을 다잡아 보도록 합시다.

인과를 깨우치는 이야기 둘

아주 아득한 옛날, 바라나국의 세번째 왕자인 살타(薩埵)는 두 왕자와 함께 부왕을 모시고 산으로 올랐습니다. 한참을 오르다가 먼저 지친 왕은 '쉬어 가자'고 하였고, 기운이 넘쳤던 세 왕자는 경치를 감상하며 주위를 돌아다니다가, 깊은 골짜기에 죽기 직전의 어미 호랑이와 일곱 마리 새끼 호랑이가 있는 것을 발견하게 되었습니다.

새끼들은 태어나기가 무섭게 어미 호랑이의 젖을 빨았고, 어미는 새끼들 때문에 자리를 비우지 못하여 사냥을 할 수가 없었습니다. 며칠이 지나자 어미 호랑이는 완전히 탈진상태에 빠졌으며, 젖을 먹지 못한 새끼들도 굶주려 죽을 지경에 이르른 것입니다.

"아, 정말 불쌍하구나. 어떻게 하면 저 호랑이들을 구할 수 있을까?"

세 왕자는 머리를 맞대고 궁리하였습니다. 그러나 생고기나 우유를 가지고 있지 않았던 왕자들로서는 어떻게 해 볼 수가 없었습니다.

"안타깝지만 하는 수 없구나. 부왕께서 기다리실테니 이만 돌아 가자꾸나."

형들의 말에 따라 막내 살타왕자도 발걸음을 옮기기 시작했습니다. 그러나 살타왕자의 머리 속에는 '어떻게 해야 저 호랑이들을 살릴 수 있을까' 하는 생각으로 가득하였습니다. 마침내 부왕 일행이 눈에 보이는 지점까지 왔을 때 살타왕자는 말했습니다.

"두 형님께서는 부왕을 모시고 먼저 가십시오. 저는 잃어버린 것이 있어 잠시 후에 따라 가겠습니다. 형님들이 성문에 도착할 무렵이면 저도 합류할 것입니다."

그리고는 굶주린 호랑이들이 있는 자리로 돌아와 옷을 벗어 곁의 나뭇가지에 단정히 걸어 놓고 어미 호랑이 앞에 누웠습니다. 그러나 탈진상태에 빠져버린 호랑이로서는 발가벗고 누워있는 왕자를 잡아먹을 기력

조차 없었습니다. 살타태자는 곁에 있는 나뭇가지의 가시로 목을 찔러 피를 내어서, 그 피를 호랑이 입에 대어 주었습니다.

"이 피를 핥아라."

피 냄새를 맡고 정신을 차린 어미 호랑이는 왕자의 피를 빨면서 차츰 기력을 회복하였고, 마침내는 살타왕자의 살을 모두 먹었습니다. 이윽고 어미 호랑이의 몸에 젖이 돌기 시작하자 일곱 마리 새끼 호랑이들도 살아났습니다.

8

『최승왕경 最勝王經』사신품(捨身品)에 수록되어 있는 이 이야기의 주인공인 살타왕자는 석가모니 부처님의 전신(前身)이며, 그 공덕으로 석가모니불은 성불의 시기를 11겁이나 앞당겼다고 합니다.

선인선과(善因善果) 복인복과(福因福果). 착한 일을 하면 좋은 결과가 찾아들고, 복을 닦으면 복이 깃듭니다. 그리고 살타왕자처럼, '나'를 잊고 '나'의 몸을 잊을 만큼 깊은 자비심을 일으켜 자비의 행을 실천하면, 능히 부처라는 열매까지 맺을 수가 있습니다.

정녕 우리가 행복을 추구한다면, 능력 따라 형편 따

라 복된 마음을 일으키고 복이 되는 행을 실천하며 살아야 합니다. 그것만이 복되게 사는 비결입니다. 부디 요행을 바라지말고, 생각으로 말로 행동으로 복을 닦아가는 참다운 불자가 되어야 할 것입니다.

두번째 이야기는 석가모니불께 귀의하여 불교교단에 큰 힘이 되었던 중인도 마갈타국의 빈바사라왕과 그 아들 아사세와의 인연설화입니다.

빈바사라왕은 나이 사십이 될 때까지 아들이 없었습니다.

'나에게는 아들 복이 없는 것일까? 있다면 언제가 그 때인가?'

왕은 혼자 고민을 하다가 점성가를 불러 점을 치게 했습니다.

"대왕이시여, 비부라산에 있는 수도자가 죽으면 대왕의 아들로 태어날 것이니, 그때까지만 기다리소서."

그러나 한시라도 빨리 아들을 얻고 싶었던 왕은 비부라산으로 달려가 수도자를 찾았습니다. 과연 수도자는 매우 늙어 얼마 후면 이 세상을 하직할 듯 하였습니다.

"선인이시여, 당신과 나는 부자(父子)의 인연이 있다고 합니다. 이제 나이가 많이 드셨으니, 곧 몸을 바꾸어 태어남이 어떠하올지요?"

대왕의 물음에 수도자는 단호히 답했습니다.

"대왕이시여, 나는 아직 3년을 더 살 수가 있소. 3년이 지난 다음 만납시다."

씁쓸한 감정을 안고 궁으로 돌아온 왕은 생각했습니다.

'어차피 나의 아들이 될 사람이면 3년을 더 사나 지금 죽으나 마찬가지 아닌가. 차라리 지금 죽여 왕궁에서 하루라도 더 편하게 지낼 수 있도록 하는 것도 좋으리라.'

자신의 욕심에 맞게 생각을 합리화시킨 빈바사라왕은 믿을 만한 신하를 시켜 비부라산의 수도자를 죽였고, 마침내 아사세태자가 태어났습니다.

아사세태자는 장성할 때까지, 밝은 정치로 국민들을 평등하게 보살피는 빈바사라왕을 무척이나 존경하고 따랐습니다. 그러나 전생의 원결은 어찌할 수 없음인지, 장성한 아사세의 마음에는 부왕에 대한 알 수 없는 파도가 일어나기 시작했고, 부처님의 사촌인 제바달다

로부터 '부왕의 자리를 빼앗아 왕이 되라'는 제안을 받고는 빈바사라왕의 비밀을 찾는 데 몰두하였습니다.

어느 날 빈바사라왕이 부처님을 친견하기 위해 영축산으로 떠나자, 아사세태자는 왕궁의 지하감옥으로 들어갔습니다. 감옥은 텅비어 있어 덕스러운 부왕의 정치역량을 나타내는 듯 했습니다. 그런데 어디선가 쇠사슬을 끄는 듯한 소리가 들려와 옥졸에게 물었습니다.

"무슨 소리냐?"

"이 감옥의 가장 깊숙한 방에 갇혀 있는 죄수의 쇠사슬 소리입니다."

"그가 누구냐? 어찌 그만 이 감옥에 있다는 말이냐?"

"저희는 모르옵니다. 이 감옥에 오래전부터 있었으나 혀가 잘린 듯 말을 하지 못합니다."

아사세태자는 옥졸을 윽박질러 열쇠로 문을 열게 한 다음, 이미 반 짐승처럼 되어버린 죄수에게 갇힌 까닭을 물었습니다. 그러자 약 20년 전에 대왕의 명을 받아 자신이 수도자를 죽였고, 그 사실이 밖에 전해질 것을 우려하여 혀를 잘라 지하감옥에 가둔 일 등을 글로 써서 밝혔습니다.

순간 아사세태자는 부왕이 잔혹하기 그지없는 이중인격자로 느껴졌습니다. 태자는 참을 수 없는 분노에 휩싸여 부처님을 만나고 돌아오는 부왕을 지하감옥에 가두었으며, 끝내는 부왕을 굶겨 죽였습니다.

그와 같은 비극의 세월이 흘러간 얼마 뒤, 아사세왕의 어린 아들이 맨발로 뛰어놀다가 가시에 찔려 발이 곪기 시작했습니다. 아이는 하루 종일 아프다며 칭얼거렸고, 아사세왕은 밤을 새워가며 사랑하는 아들을 돌보았습니다.

그러나 곪은 자리는 점점 심해만 갔고, 아사세왕은 아들의 발바닥 고름을 직접 입으로 빨아내기에 이르렀습니다. 그때 빈바사라왕의 아내요 아사세왕의 어머니인 위세희 부인이 곁에 있다가 말했습니다.

"대왕아, 네 아버지도 너를 그렇게 길렀다."

어머니의 그 한 마디에 아사세왕은 깊은 자탄에 빠졌습니다.

'아, 나는 몰랐도다. 나는 나만 알고 내 자식 귀한 줄만 알았을 뿐, 지금 내 자식에게 내가 하듯이 아버지가 나를 길러주셨다는 것을 몰랐도다. 나는 은혜로운 아버지를 죽인 놈이다. 나같은 왕이 백성들에게 무엇을

가르칠 수 있겠는가? 백성들이 나를 본받는다면 아버지를 죽이는 패륜아 밖에 더 되겠는가?'

아버지를 죽인 후회와 자책감에 빠져 눈물로 지새우던 아사세왕은 깊은 우울증에 빠졌고, 마침내는 신경성 피부병에 걸렸습니다. 온 전신이 가렵다가 차츰 곪아터지는 피부병에 걸려 고통의 나날을 보내고 있을 때, 왕의 주치의요 부처님의 주치의인 기바선인이 권했습니다.

"대왕이시여, 대왕의 병은 의술로 고칠 수가 없습니다. 부처님께 가십시다."

"부처님은 부왕과 매우 가까운 분이셨다. 부왕을 죽인 나를 부처님께서 받아주실리가 있겠느냐?"

기바선인은 자책감에 빠져 가지 않으려는 아사세왕을 설득하여 함께 부처님께로 나아갔고, 영축산에서 부처님을 친견한 아사세왕은 한없이 눈물을 흘리며 죄를 참회했습니다.

그때 부처님께서는 자애삼매(慈愛三昧)에 들었습니다. 그러자 부처님의 몸으로부터 파르스름한 자애광명이 뿜어져 나와 아사세왕의 몸을 덮었습니다. 순간 아사세왕의 신경성 피부병은 순식간에 아물었고 정신도

원래 상태로 돌아오게 되었습니다.

이후 아사세왕은 부처님께 귀의하여 불교교단의 울타리가 되었으며, 부처님께서 열반에 드신 후에는 제1결집(第一結集)을 도와 부처님의 가르침을 잘 정립할 수 있도록 하였습니다.

§

빈바사라왕과 아사세태자와의 인연. 이와 같은 업연을 '미생원(未生怨)'이라고 합니다. 태어나기 전인 전생에 원한을 이미 맺었다는 것입니다.

이 이야기를 통하여 우리는 과연 무엇을 느낄 수 있습니까? 원한이 무섭다는 것도 느낄 것입니다. 지은 바업에 대한 과보는 언젠가 받게 된다는 것도 느낄 것입니다. 그러나 무엇보다도 우리를 깨우쳐주는 것은 부처님과 빈바사라왕의 관계입니다.

부처님과 인연이 매우 깊고 불교교단을 위해 물질적으로 정신적으로 많은 공헌을 한 빈바사라왕이었지만, 부처님은 그의 업보를 막을 수가 없었습니다. 옥에 갇힌 왕에게 제자 목건련과 아난을 보내 법문을 해주시고 극락세계에 태어날 인연을 맺어주었을 뿐, 살인한 업보로 받게 된 비참한 죽음을 막을 수는 없었습니다.

그러므로 우리 불자들은 부처님을 '나의 업을 녹여주고 나의 욕심을 채워주는 분'으로 착각을 해서는 안 됩니다. 물론 부처님께서는 우리의 업을 녹일 수 있는 인연을 베풀어주기도 합니다. 그러나 그것 또한 '나'의 참회가 있을 때만 가능합니다. 아사세왕처럼, 스스로의 죄를 진심으로 참회할 때 언제나 부처님께서 뿜어내고 계신 자애삼매의 빛이 우리에게 임하게 되고, 끊임없이 순환하는 업의 수레바퀴가 멈추게 되는 것입니다.

부디 명심하십시오. 부처님은 '나'의 욕심을 채워주는 분이 아니라는 것을! '나'의 업을 풀 수 있는 자는 '나' 뿐이라는 것을! 내가 뿌린 씨앗은 내가 거둔다는 것을!

내가 '나'를 속인다

인과의 도리를 확실히 믿는 불자는 세상을 바라보는 자세가 남다릅니다. 그들은 내가 뿌린 씨앗은 내가 거두며, 내가 받아야 할 것은 기꺼이 받겠다는 마음가짐으로 살기 때문에 쉽게 흔들리지 않습니다. 부모·자식·남편·아내·형제 뿐만이 아니라, 친구·직장 동료·이웃 등과의 관계도 나의 업연으로 받아들이기 때문에 어려움을 극복하고 더욱 좋은 관계로 이끌어갑니다.

그들은 '내가 뿌린 씨앗을 내가 거둔다'는 마음가짐으로 진중하게 살아가고, 부처님께 기도할 때도 참회로 일관합니다.

"제가 지은 모든 잘못을 참회합니다. 모두가 행복하

여지이다."

곧 스스로에 대해서는 참회를, 남을 위해서는 축원을 하는 것입니다.

그러나 인과를 확실히 믿지 않는 이들은 그 잘난 '나'에 사로잡혀 계속 과오를 범하고 맙니다. 바로 '나' 때문에, '나'라고 하는 감정, '나'라고 하는 생각 때문에 인과응보가 있다는 것을 알면서도 그릇되이 흘러갑니다.

이 '나'의 욕심에 속고, '나'의 욕심에 사로잡혀 스스로를 합리화시켜 내가 무엇을 저지르고 있다는 것을 망각한 채 더 큰 일을 저질러버립니다. 빈바사라왕이 비부라산의 수도자를 죽인 것처럼….

이것이 무엇입니까? 나의 꾀에 내가 속는 것입니다. 나의 꾀에 내가 속아 제자리에 놓여 있는 것들을 파괴하고 흩어놓고 그릇된 길로 흘러가도록 만들어버립니다. 아무도 속이는 이가 없는데 자기 꾀에 자기가 속아 비극을 만들어버리는 것입니다. 자신을 완전한 사람으로 착각을 하는 그들은 이야기합니다.

"나는 열심히 잘하고 있는데 저 사람이 잘못하고 저 아이들이 잘못한다. 나는 잘하는데 곁의 사람들이 잘

못하여 일이 잘못되고 사건이 난다."

이러한 이들이 부처님께 기도를 할 때도 자신의 잘못을 참회하기 보다는 '나'의 욕심을 채워 달라고 합니다. '나'의 욕심을 위해 공양을 올리고 절을 하고 기도를 합니다. 그러나 그렇게 기도하여 이루어지는 것이 무엇이겠습니까?

부처님께서는 세상을 잘 살아가는 가장 좋은 방법을 일러주셨습니다.

그것은 '현재의 환경이나 옆의 사람을 탓하지 말라'는 것입니다. 환경이나 옆사람을 탓하기에 앞서 내가 잘해야 한다는 것입니다. 내가 잘할 때 나는 나대로 올바로 나아갈 수 있고 옆사람도 주변도 올바로 있게 된다는 것입니다.

실로 세상의 일은 '나'의 마음가짐에 따라 좌우되고, 마음에 따라 이루어집니다. 그래서 부처님께서는 말씀하셨습니다.

"첫 대답은 언제나 '예'라고 하여라."

좋든 나쁘든, 마음에 들든 들지 않든 첫 대답은 '예' 하라는 것입니다. 왜 '예' 하라고 하신 것인가?

'예'라고 할 때 불가능을 가능으로 바꾸어놓는 회전

기운이 거기에서 생겨나기 때문이요, '안돼요 · 싫어요 · 못해요' 할 때 가능을 불가능으로 회전시키는 기운이 생겨나기 때문입니다. 이것을 이해하시겠습니까?

'나' 에 사로잡혀 사는 사람은 '안돼요 · 싫어요 · 못해요' 라는 말을 너무나 쉽게 합니다. 스스로가 너무 똑똑하고 잘났기 때문에 다른 것을 차단하고 불가능한 기운을 불러들이는 것입니다. 그러다 보니 내 꾀에 내가 속아 인생을 잘 풀어나가지 못하게 되고, 결국은 불행 속으로 빠져 들어가게 됩니다.

나의 젊은 시절, 절 집안으로 나의 사숙님이 되시는 분께서는 우리에게 자주 말씀하셨습니다.

"우리는 전생에 지은 복으로 지금 이 몸을 가지고 함께 먹고 산다. 새로운 복을 지으려 애쓰기 보다는, 지금 지니고 있는 복을 깎아 먹지나 말아라."

그 당시에는 이 말씀을 무심코 넘겼는데, 나이가 들수록 '아, 참으로 무서운 말씀이다' 는 것을 실감을 하고 있습니다.

'복을 깎아 먹지나 말아라.'

한번 스스로를 돌아보십시오. 나는 과연 어떻게 하고 있는가를? 얼마나 복 짓는 일을 하며 살아가고 있는지를? 매일 매일 생활을 하면서 행동으로 복을 깎고, 혓바닥으로 복을 깎고, 마음으로 복을 깎고 살고 있지는 않는지를?

더욱이 '싫어! 안돼! 못해!'가 앞서는 삶을 사는 이상에는 풀리지 않는 기운이 주위를 감싸 '나'의 업을 더욱 어렵게 만들어버립니다.

중생들의 업. 그 업은 처음 한 생각에서 비롯됩니다. 한 생각이 꿈틀거리면 연줄 연줄로 연결되어 수백 가지 생각이 일어나고, 그 생각을 따라 갖가지 구업(口業)과 신업(身業)을 짓게 되는 것입니다.

그럼 갖가지 업을 만들어내는 처음 한 생각이 무엇인가? 바로 '나(我)'입니다. 『금강경』의 주제인 아상(我相)·인상(人相)·중생상(衆生相)·수자상(壽者相)의 4상(相) 중, 첫 번째로 등장하는 '아상'이 바로 업을 만드는 첫 생각입니다.

'나'라고 하는 아상이 일어나면 '너'라고 하는 인상이 치성하고, 아상과 인상이 부딪히면 갖가지 중생상을 짓게 되며, 마침내는 수자상이라는 생사윤회의 고통스런 삶을 받게 되는 것입니다.

　부처님께서는 이러한 중생의 삶이 너무나 답답하고 측은하게 보였기에, 처음부터 끝까지 아상·인상·중생상·수자상을 주제로 삼아 금강경을 설하신 것입니다.

　실로 아상만 잘 다스리면 인상·중생상·수자상도 일어나지 않습니다. '나'라는 생각, '나'의 자존심만 잘 다스리면 참으로 복되게 살 수 있습니다. 그런데도 우리는 '나'라고 하는 튀는 그 한 생각을 비우지 못하고 단속하지 못하여, 갖가지 화를 초래하는 것입니다.

　한번 현실 속에서 생각을 해보십시오. 우리가 무척이나 사랑하는 배우자나 부모 자식 형제들과도 마지막에 탁 부딪히는 것은 바로 '나' 때문입니다. 아상 때문입니다. '나'가 발동하면 그토록 사랑하던 마음이 일순간에 사라지면서 좋던 관계를 망가뜨려 버립니다. 사실 근원을 찾아 들어가 보면 뚜렷이 잡히지도 않는 '나'가!

　그래서 부처님께서는 '나를 비우라'고 하셨습니다. '공(空)이 되라'고 하셨습니다. 그럼 어떻게 해야 '나'

가 비워지는가?

　흔히들 '비우라'고 하는 이는 많으나 비우는 방법을 이야기하는 이는 드뭅니다. 나는 이에 대해 '비우려면 받아들여라'고 합니다.

　"씨앗을 뿌리지 않으면 열매는 거둘 수 없는 법이다. 지금 내가 거두어 들이는 열매는 내가 뿌려놓은 씨앗의 결과이니 그대로 받아들여야 한다. 거울이 사물을 받아들이듯 지금 '나'에게 오는 인연은 있는 그대로 받아들여야 한다."

　우리는 좋은 인연, 그릇된 인연을 다 받아들여야 합니다. 돈이 오면 돈을 받아들이고, 똥이 오면 똥을 받아들여야 합니다. 돈은 좋은 것이니까 받아들이고 똥은 더러우므로 거절해서는 안됩니다. 노란 것은 좋으므로 받아들이고 붉은 것은 싫으므로 받아들이지 않는다고 해서는 안됩니다.

　내가 뿌리지 않는 씨앗은 오지 않게 되어 있듯이, 내가 원인을 만들지 않았으면 그 과보는 오라고 하여도 나에게는 오지 않습니다. 반대로 내가 그러한 씨앗을 뿌렸기 때문에 지금 그 과보가 온 것이므로 피하려해도 어쩔 수가 없는 것입니다.

그러므로 받아야 할 것은 기꺼이 받아들여야 합니다. 거울이 사물을 비추듯이 받아들여야 합니다. 결코 받아들이는 것을 두려워 할 필요가 없습니다. 받아들이면 업이 녹는 것이요, 받아들이고 나면 그 업이 비게 되고 저절로 공(空)이 됩니다.

반대로 내가 원하지 않고 '나'에게 맞지 않다고 하여 받아들이지 않게 되면 더 복잡하고 더 어려운 '나'의 업을 만들어 계속 계속 힘든 상황 속에서 헤맬 수밖에 없게 되는 것입니다.

실로 들어온 것은 나가게 되어 있고, 나간 것은 들어오게 되어 있습니다. 그런데도 많은 사람들은 한쪽만을 고집합니다. 머리가 가는 곳에 발이 가고 발이 가는 곳에 머리가 가는 것이건만, 머리 쪽만 생각하고 발은 잊고 사는 듯합니다. 높은 자리, 많은 돈, 큰 명예 등 머리만을 좋아합니다. 청빈과 무욕 속에서 발이 되고자 하는 이가 드뭅니다.

그 결과가 무엇입니까? 치열한 경쟁과 힘든 삶입니다. 왜 그렇게 힘들게 살아갑니까? 결국 내가 '나'에게 속는 것에 불과합니다.

이제부터 인과의 도리 속에 '나'를 맡기고 지혜롭게

살아보십시오. 맞지 않는 인연이 찾아오면 참회를 하면서 기꺼이 받아들여, 모든 업의 원점인 '나'의 마음을 풀어야 합니다. '나'의 마음이 얽힐 때 전체가 얽히고, '나'의 마음이 풀릴 때 전체가 풀어집니다.

"되는 것이든 되지 않는 것이든 첫 대답은 '예'라고 하여라. '예'라고 할 때 불가능을 가능으로 바꾸는 기운이 생겨나느니라."

부처님께서 하신 이 말씀을 우리는 깊이 명심해야 합니다. 대우주는 우리의 마음과 함께 움직입니다. 내 마음이 풀어질 때 대우주의 모든 것이 풀어지고, 내 마음이 얽힐 때 대우주도 얽히는 것입니다.

부디 '나'의 꾀에 속는 '나'가 되지 마십시오. 인과의 법칙을 철저히 믿고 '예' 히는 긍정의 마음가짐으로 모든 것에 늘 감사하게 생각하며 살아가는 삶! 이것이 불자의 삶이라는 것을 정녕 잊지 마시기 바랍니다.

나무마하반야바라밀.

II
불자의 정·부처님의 자비

부처와 진리와 하나님의 차이점

"부처님과 진리, 부처님과 하나님의 차이점이 무엇입니까?"

나는 찾아오는 불자들에게 가끔씩 이렇게 물어봅니다. 그런데 이 질문에 대답하는 불자들은 참으로 드뭅니다. 정녕 부처님과 진리, 부처님과 하나님의 차이점은 무엇일까요?

자비(慈悲)! 한마디로 말해 그 차이점은 '자비'입니다.

부처님은 자비심이 있고 눈물이 있고 피가 도는 존재입니다. 인간이기 때문에 깊은 자비심이 있고 눈물이 있고 뜨거운 피가 돕니다. 그러나 인간이 아닌 진리나 하나님은 자비도 눈물도 없고 뜨거운 피가 돌지도 않습니다. 그냥 법칙대로 움직이고 법칙대로 징벌하고 보상을 할 뿐입니다.

이 차이점을 분명히 아시겠습니까? 바로 유정(有情)과 무정(無情)의 차이입니다.

하나님은 말을 잘 듣는 자만 천당으로 인도하고, 뜻에 어긋나면 서슴없이 징벌을 가하는 무정한 존재입니다.

'그렇게 되게끔 되어있는' 진리 또한 마찬가지입니다. 한 치의 오차도 없이 선인선과(善因善果) 악인악과(惡因惡果)를 보여줄 뿐입니다.

하지만 유정(有情)인 부처님은 당신의 의지로 불쌍하고 고통받는 중생에게로 다가서서 함께 눈물을 흘리시며 구제를 해주십니다. 일체중생을 평등하게 아끼고 사랑하여, 그들을 부처의 자리로 이끌어 올리고자 끊임없이 정을 쏟고 자비를 베푸는 분이 부처님인 것입니다.

물론 부처님만 그러한 것이 아닙니다. 불경 속의 수많은 보살들, 도를 이룬 역대의 큰스님들도 모두 마찬가지였습니다.

옛날, 일본에 양관(良寬)이라는 스님이 계셨습니다. 스님은 장남으로 태어났으나 출가자의 길을 걷게 되었으므로, 동생이 집안의 대를 잇게 되었습니다. 그러나 동생에게마저 자식이 없어 양자(養子)를 들이게 되었습니다.

그런데 이 양자가 이만저만 속을 썩이는 것이 아니었습니다. 술을 좋아하고 여자를 밝힐 뿐 아니라, 싸움꾼에 노름꾼 노릇까지 못된 짓만 골라서 하는 것이었습니다.

양자 때문에 속을 썩이다 썩이다가 견디지 못한 아버지는 양자를 폐기하겠다는 결심을 하고 문중회의를 열기 위해 집안 사람들을 불러모았으며, 당연히 그 자리에는 집안의 가장 큰 어른이자 큰아버지인 양관노스님도 참석하게 되었습니다.

마침내 회의가 열리자 집안의 모든 사람들은 양자의 못된 점을 조목조목 늘어놓으며, '양자를 폐기해야 한다'는 쪽으로 의견을 모아갔습니다. 그리고는 양관노스님께 결론을 내려줄 것을 청했습니다.

"이 집안의 가장 웃어른은 스님이시니, 스님께서 마지막 결정을 내려주십시오."

처음부터 한마디 말씀도 없이 묵묵히 듣고만 계셨던 양관노스님은 결정을 내려야 할 순간에도 침묵으로 일관하다가 자리에서 일어서며 말했습니다.

"벌써 날이 저물었구나. 이제 그만 절로 돌아가야겠다."

방을 나온 양관스님이 짚신을 신기 위해 마루 끝에 걸터앉자, 그 문제꾸러기 양자가 달려와 짚신을 신겨주고 짚신끈을 묶어 주었습니다. 비록 불량스러운 양자였으나, 자신을 내몰지 않은 큰아버지 양관노스님에 대한 뭉클한 정감을 느껴 은연중에 짚신을 신겨준 것입니다.

그때 짚신끈을 묶고 있는 양자의 손등에 몇 점의 물방울이 떨어져, 고개를 들어 스님을 우러러 보았습니다. 그 물방울은 노스님의 주름진 눈에서 떨어지는 눈물이었습니다.

노스님의 눈물…. 그날 이후 양자의 성격과 행동은 백팔십도로 달라져 너무나 착한 사람으로 바뀌었습니다. 가족 수십 명이 달래고 꾸짖어도 고쳐지지 않았던 양자의 버릇이 양관노스님의 몇 방울 눈물로 완전히 고쳐진 것입니다.

ॐ

이처럼 불자는 깊은 정이 있고 자비의 눈물이 있어야 합니다. 원리원칙대로만 사는 존재가 아니라, 모든 이를 향한 자비의 눈물이 있어야 하고 참된 인정이 있어야 하고 피가 통하여야 합니다. 또 한 가지 예를 들어봅시다.

조선시대 후기의 다성(茶聖)이요 선과 교를 두루 통달하여 대고승으로 추앙받고 있는 초의(草衣, 1786~1866)선사는 58세 때인 1843년에 〈귀고향 歸故鄕〉이라는 시를 지었습니다. 이 시 속에는 초의선사의 눈물과 깊은 정이 듬뿍 담겨져 있습니다.

고향 멀리 떠나온 지 사십 년만에
희어진 머리 깨닫지 못하고 돌아왔다네
새 터에는 풀이 덮여 집은 간 데 없고
이끼 낀 옛 무덤에 발자국마다 수심일세
마음마저 죽으면 한이 어디서 일어날까만
피가 말라 눈물조차 흐르지를 않는구나

외로운 중은 다시 구름따라 떠나노니
아서라 수구(首邱)*한다는 말조차 부끄럽다

遠別鄕關四十秋　원별향관사십추
歸來不覺雪盈頭　귀래불각설영두
新基草沒家安在　신기초몰가안재
古墓苔荒履跡愁　고묘태황리적수
心死恨從何處起　심사한종하처기
血乾淚亦不能流　혈건루역불능류
孤筇更欲隨雲去　고공갱욕수운거
已矣人生愧首邱　이의인생괴수구

*수구(首邱) - 여우는 죽을 때 머리를 제가 살던 쪽으로 향하게
한다는 말로 고향을 그리워함을 뜻함.

8

　고향이 무안인 초의선사는 장씨(張氏) 집안의 장손으로 태어나 혈기 왕성하고 머리가 칠흑같던 16세의 나이에 출가하였습니다. 그리고 도를 벗하여 살다가 42년만에 고향을 찾았을 때는 머리에 흰 눈이 내려있었습니다. 더욱이 옛 집은 무너져 쑥대밭이 되었으며, 관리하는 사람이 없는 조상들의 무덤은 이끼만이 가득하였습니다.

집안의 장손이었던 초의선사는 너무나 큰 충격을 받아 걸음조차 제대로 옮길 수가 없었고, 가슴에 맺히는 한 때문에 피가 돌지 않아 눈물마저 말라 흐르지 않았던 것입니다.

어찌 해보지도 못하고 지팡이에 의지하여 발길을 돌리는 초의선사…. 자신은 제가 살던 산쪽으로 머리를 두고 죽는 여우보다 못한 존재라고 탓합니다.

참으로 구절구절 눈물이 있고 정이 넘치는 시입니다.

이처럼 공부를 많이 한 옛스님들은 정이 있고 눈물이 있고 피가 통하였습니다. 정녕 참된 정과 자비의 눈물과 따뜻한 피를 지닌 부처님과 스님네를 믿는 종교가 불교요, 이러한 불교를 믿고 따르는 이가 불자이건만, 요즈음 우리 불교계에서는 묘한 현상이 나타나고 있습니다.

그것은 출가를 하여 사회적으로 활동을 하고 있는 스님들까지 '장애가 된다'는 명분 아래 자신의 가족을 유별나게 멀리한다는 것입니다.

불교에서 출가한 스님더러 '가족을 멀리하라'고 한 데는 특별한 까닭이 있습니다. 그것은 평등한 마음을 유지하기 위해서입니다.

인연이 옅은 남보다 인연이 깊은 '나'의 가족에 대해서는 정이 더 끌리기 마련이요, 정이 더 끌리면 평등을 깨뜨리기 때문입니다. 곧 '나'의 부모나 형제, 친척 등을 남과 다를 바 없는 평등한 마음으로 대할 수 있을 때까지 정이 더 끌리는 '나'의 가족을 멀리하라고 한 것입니다.

따라서 출가를 하여 어느 정도 도가 익을 때까지는 가족을 멀리할 필요가 있습니다. 그러나 어느 정도 도가 익었으면 평등한 마음으로 가족들을 돌아볼 줄 알아야 합니다.

그런데도 스님들 중에, 유별나게 자신의 가족은 멀리하면서 남의 일은 하나부터 열까지 다 돌보아 주는 분들이 계십니다.

신도가 아파 병원에 입원했다고 하면 문병을 가고, 죽었다고 하면 초상까지 치러주면서, 자신의 가족에 대해서는 일부러 문병도 하지 않고 초상에도 가지 않는 것이 승려의 본분인 양 착각을 하는 분들이 더러 있습니다. 그러한 스님들께 나는 늘 이야기를 합니다.

"더 사태가 악화되기 전에 잘 하여라. 아무런 인연이 없는 분들도 불제자요 신도라는 이름 아래 문병도 가고 초상에도 참여하지 않느냐? 내 가족이라고 하여 다른 사람들보다 더 가까이 할 것은 아니지만, 문병을 가거나 초상에 참여하는 것은 불법에 어긋나지 않는다. 남들에게는 일부러 찾아가는 성의까지 보이면서, 왜 '나'의 가족은 억지로 멀리하려 하느냐? 좋든 나쁘든 '나'와 진한 인연이 얽힌 존재가 가족이라는 것을 잊어서는 안 된다."

실로 처음 출가하여 가족에 대한 사무친 정을 끊지 못한 경우이거나, 치열하게 도를 닦으며 용맹정진을 하는 때가 아닌 다음에는 가족들에게 일부러 냉정해질 필요는 없습니다.

오히려 가족을 다른 사람과 같이 평등하게 대하고자 노력해야 합니다.

특히 공부를 많이 한 스님이라면 부처님이나 옛 고승들처럼 깊은 자비심을 보여야 합니다. 포교를 하거나 절을 경영할 정도가 된 스님이라면 정과 눈물이 있어야 하고 피가 통하여야 합니다.

부처요 인간이기 때문에 피가 도는 것인데, 부처요 인간이기 때문에 정이 있고 눈물이 있는 것인데, 진리에 대한 집착, 도에 대한 집착 때문에 우리네 스님들이 피도 눈물도 없는 무정 쪽으로 기울어지는 것이야말로 이 땅의 불교가 안고 있는 당면한 문제가 아닌가 생각해봅니다.

차라리 무정의 진리를 좇아 무정하게 살 것이면 '나'의 가족과 남에게 모두 무정하여야 할 것이어늘, 왜 스스로의 분별과 집착에 빠져 반쪽 평등, 반쪽 자비, 반쪽 인정을 베푸는 것입니까?

우리 불자들은 분명히 알아야 합니다. 부처님과 진리의 차이점, 부처님과 하나님의 차이점을 분명히 알아야 합니다.

이것을 분명히 알아야 불교의 근본인 자비를 발현시킬 수 있습니다. 부처와 진리를 혼돈하고, 부처님과 하나님을 혼돈하여서는 결코 참된 불자가 될 수 없습니다.

다시 한번 강조하건데, 하나님과 진리는 인간이 아니기 때문에 피도 없고 눈물도 없고 정도 없지만, 우리 부처님은 인간이기 때문에 자비심이 있고 눈물이 있고 피가 살아 있습니다.

결코 우리는 피도 눈물도 없는 무정한 존재, 무정물처럼 살아서는 안됩니다. 깊은 인정이 있고 자비의 눈물이 있고 피가 통하여야만 일체 중생과 함께 부처의 길로 나아갈 수 있는 것이며, 이렇게 사는 것이 유정의 불자들이 나아가야할 수행의 길인 것입니다.

가족을 향해 절을 하라

　이제까지 우리는 불자의 정, 부처님의 자비에 대해 이야기하였습니다. 불자의 정! 부처님의 자비! 그러나 이 정은 집착의 정이 아닙니다. 인간의 깊은 마음에서 우러나오는 인정이요 자비입니다. 나는 곳곳에서 사람들에게 이야기합니다.
　"한평생을 살면서도 인정을 모른다."
　참으로 우리는 인정을 모르고 삽니다. 나이 칠십 팔십이 되도록 자식을 낳고 손자를 돌보며 살면서도 참된 인정을 모르고 살아갑니다. 좋다고 '하하 헤헤', 섭섭하다고 흘리는 눈물은 인간의 욕심이요 감정일 뿐, 참된 인간의 정은 아닙니다.

지금 내가 있는 경주 함월사에 다니는 불자들 가운데 나이 오십이 갓 넘은 보살이 30대 후반에 경험했던 일입니다. 이 보살은 외모도 반듯하고 정진도 잘 하는데, 이상하게도 특이한 남편을 만났습니다.

남편은 아침에 출근을 하고 나면 밤 12시에 귀가를 하든 새벽 3시에 귀가를 하든, 하루 종일 가족들에게 어디서 무엇을 한다는 연락을 주는 법이 없었습니다. 아이들과 한 약속도 도무지 지키지 않았으며, 집안이 어떻게 되든 자식이 어떻게 되든 전혀 상관을 하지 않았습니다.

가장이 가정적이지 못한 집안이 어찌 평온할 수 있겠습니까? 그러나 아내는 참고 또 참았습니다. 하지만 초등학교 다니는 아이들은 아버지에 대한 불만을 노골적으로 터뜨렸습니다.

"엄마, 우리 집에는 아버지가 없어. 우리는 아버지가 없는 사람이야."

그러더니 아버지라는 존재에 대해 차츰 거부를 하고 부정을 해버리기까지 하는 것이었습니다. 아이들까지 아버지를 거부하자 그녀는 남편에게 사정을 했습니다.

"여보, 당신이 나에게 무심한 것은 괜찮습니다. 그런데 아이들에게까지 무심하다보니, 이제는 아이들이 당신을 거부하고 무시하려 합니다. 가장인 당신이 물에 기름 뜨듯이 따돌린다면 이 가정은 어떻게 되겠습니까? 제발 아이들에게는 관심을 가져주세요."

여러 차례 간곡히 이야기를 하였지만 남편의 행동은 변화를 보이지 않았고, 그녀로서는 달리 어떻게 해 볼 수가 없었습니다. 어느 날 그녀는 나에게 자초지종을 털어놓았고, 이야기를 들은 나는 물었습니다.

"보살님은 새벽기도를 한다면서요?"

"예."

"그럼 이제부터 새벽기도 끝에 남편과 큰딸과 아들을 향해 절을 하십시오. 많이 하지 않아도 됩니다. 한 사람에게 3배씩만 올리고 축원을 하십시오."

그리고는 간단한 요령을 알려주었습니다. 새벽 3시 반에 일어나 집에서 기도를 하는 그녀는 기도 끝에 가족을 향한 절을 하기 시작했습니다. 남편이 자는 방을 향하여 3배, 아들 방 쪽을 향하여 3배, 딸 방을 향하여 3배. 이렇게 그녀는 3년을 절하였습니다.

절을 시작하고 3달이 지나자 남편이 차츰 바뀌기 시작하더니, 만 3년이 되자 완연히 딴 사람으로 탈바꿈하였습니다. 퇴근 시간이 되면 시계보다 더 정확히 집으로 돌아왔고, 회사에서 특근이 있으면 꼭 전화를 하였습니다. 저녁 때 회식이나 술 접대를 할 일이 있으면 일단 집으로 들어와 자가용을 놓아두고 택시를 이용했으며, 집안 식구들에게도 사정을 말하는 것이었습니다.

"오늘은 회식이 있어 조금 늦을 것 같다. 저녁은 너희들끼리 먹어라."

또한 아이들과 자주 어울리고 약속을 잘 지키는 아버지로 바뀌었습니다. 자연히 아이들도 아버지를 잘 따르는 착한 자녀가 되어, 10여 년이 지난 지금, 딸은 프랑스에서 공부를 잘하고 있으며, 아들은 군복무를 마치고 미국 유학을 떠날 준비를 하고 있습니다.

ॐ

이 보살님은 가끔씩 이야기를 합니다.

"저는 인간의 정을 '좋다·싫다, 곱다·밉다, 흐뭇하다·섭섭하다, 잘해준다·야속하다' 는 등의 상대적인 것으로 생각했습니다. 그리하여 야속하고 제멋대로인 남편에 대해 원망도 많이 했습니다.

그런데 3년 동안 남편을 향해 절을 하고 나서는 인간의 정이 '좋다·싫다'는 등의 상대적인 것이 아니라는 것을 느꼈습니다. 참된 정은 언제나 흐뭇하고 즐겁고 좋을 뿐, 싫다·얄밉다·섭섭하다가 붙으면 그것은 '나' 개인의 감정이요 인간의 참된 정은 아니라는 것을 비로소 알았습니다."

이렇게 남편과 자식을 향한 절을 통하여 참된 인정이 무엇인가를 깨달은 그녀는 학성선원에 다니는 다른 불자들에게도 가족에게 절을 할 것을 가르치고 있으며, 그녀의 말을 듣고 가족에게 절을 하는 불자가 삼십여 명에 이르고 있습니다.

그런데 참으로 묘한 것은 가족을 향해 절을 하는 그 사람들의 삶이 하나같이 향상되고 있음을 느낄 수 있다는 것입니다.

많은 불자들이, '스님, 작년보다 금년이 더 살기가 어려워요. 왜 이렇게 힘이 드는지 모르겠어요' 하며 하소연을 늘어놓던 IMF 때에도, 가족에게 절을 하는 불자의 집안은 조금도 어려움을 겪지 않았습니다. 시대의 흐름따라 환경따라 움푹 진푹하는 일 없이, 늘 꾸준하게 향상되고 좋아질 뿐입니다.

실로 가족에게 절을 하는 공덕은 매우 큽니다. 3배에 불과한 그 절이 큰 공덕을 이루는 까닭은 '나'를 낮추고 '나'를 비울 수 있게 하기 때문입니다.

상대적이고 서로를 탓하는 자세가 아니라, '나'를 낮추고 상대를 받들어, 이기적 감정이 아닌 진정한 정을 형성하기 때문에 좋은 결과를 가져오지 않을 수 없는 것입니다.

그런데도 이러한 절의 본질적인 뜻을 모르고, '가족에게 절을 하라'고 하면 어떤 불자들은 항의조로 말합니다.

"스님, 남편에게 한평생 눌려 산 것만 하여도 원통한데 절을 하라고요? 절까지 하면서 죽어 살라는 말씀입니까?"

항의를 받을 때마다 '왜 절에 다니느냐'고 되물으면, 대부분이 같은 답을 합니다.

"집안이 화목하고 식구들이 건강하며, 보다 잘 살고 싶어 절에 다닙니다."

그때 나는 이야기합니다.

"집안 화합을 원하고 더 잘 살기를 원한다면 '나' 자신이 먼저 실천을 해야 합니다. 남편에게, 가족에게 절을 하는 것은 앞으로 온 가족이 같이 웃고 감사하고 화목과 행복을 나누기 위해 하는 것이요, '나'만 끝까지 손해보라는 이야기가 아니지 않습니까? 오히려 지금이 서로의 응어리를 녹여야 할 가장 좋은 때이니, 매일 3배씩 해보십시오."

절을 통해 진정(眞情)을 체험하자

더 이상 우리 불자들은 가족에 대해서조차 이기적인 감정으로 살아서는 안됩니다. 가장 사랑하는 가족이라고 하면서, 보이지 않는 곳에서 3배조차 드리지 못하는 존재가 되어서는 안됩니다. 가장 가깝고, 가장 사랑하는 가족에게 절을 못할 까닭이 이디에 있습니까?

내가 잘 알고 있는 부산 할머니의 체험담입니다.

부산 할머니의 남편은 할머니가 미처 서른이 되지 않았을 때 아들 셋을 남겨두고 먼길을 떠나셨습니다. 홀어머니가 된 그녀는 아들 셋을 대학까지 보내느라고 갖은 고생을 다 했습니다. 여자의 몸으로 공사판에 뛰어들어 들을 소리, 못들을 소리를 다 삭이면서 한푼 한푼 돈을 벌어 자식들을 먹여 살리고 대학을 졸업시켰습니다.

 마침내 맏아들은 취직을 하였고 며느리를 새 식구로 맞아들였습니다. 그런데 할머니의 눈에는 며느리가 마음에 들지 않았습니다. 아들을 빼앗긴 것 같은 생각이 은근히 일어나는 데다, 음식 솜씨까지 엉망인 며느리가 못마땅했던 것입니다.

 '하루 아침에 어떻게 우리 가족 구미에 맞는 음식을 만들 수 있으랴. 적어도 몇 년은 걸리겠지'

 마음을 느긋하게 가져도 홀로 애써 키운 아들을 빼앗긴 듯한 감정 때문에 편하지 못하였고, 며느리 또한 먹는 음식으로 잔소리를 듣다보니 마음이 상하지 않을 수 없었습니다. 차츰 고부 간의 골은 갈수록 깊어갔습니다. 이윽고 할머니는 며느리의 꼴도 보기 싫은 지경에 이르렀고, 툭하면 며느리를 꾸짖었습니다. 그러다가 마음이 안정되면 후회를 하는 것이었습니다.

 '저 아이도 내 자식인데 왜 이토록 미워하는 것일까? 내 마음 씀씀이가 어찌 이리도 고약한가?'

 후회도 하고 '잘 해주어야지' 하는 결심도 자주자주

하였지만 때때로 벌컥벌컥 일어나는 섭섭한 감정, 무엇인가를 빼앗긴 것 같은 허전한 감정을 극복할 수 없었습니다. 고부 간의 싸움은 차츰 아들 내외 간의 싸움이 되었고, 마침내 어머니와 아들의 싸움으로 번져갔습니다.

어느 날 할머니는 결심을 하고 아들에게 말했습니다.

"아무래도 내가 집을 나가야 할까보다."

"어머니, 어머니는 한평생 고생만 하셨습니다. 이제부터는 편안히 쉬셔야지요. 어머니! 제가 장가를 간 것도 오로지 어머니를 편안히 모시고자 해서입니다. 그런데 집을 나가시겠다니요? 어머니가 집을 나가신다면 저는 더 이상 살지 않겠습니다. 제가 먼저 죽을 거예요…."

효자 아들의 간곡한 만류로 부산 할머니는 떠나지 못하고 스스로의 마음을 다스리며 살았습니다. 어느덧 부산 할머니는 70줄의 나이에 들어섰고, 아들과 며느리도 50에 가까웠으며 손자들도 많이 자랐습니다. 할머니는 다시 아들에게 청하였습니다.

"나도 이제 절에 가서 아침저녁으로 기도를 하며 지내고 싶으니 허락해다오."

할머니는 거처를 절로 옮겨 얼마 동안 편안히 머물렀습니다. 그런데 어느 날 밤, 할머니는 며느리와 다투는 꿈을 꾸었습니다. 한참을 다투다가 할머니는 화가 불끈 치밀었는데, 머리 위로 쌍칼이 솟아오르는 것이었습니다.

'이제는 며느리에 대해 좋지 않은 감정이 일어나지 않을 줄 알았는데…'

할머니는 때마침 그 절에 법문을 하기 위해 갔던 나를 찾아와 지난 일과 꿈 이야기를 했습니다. 그리고 눈물을 흘리며 말했습니다.

"스님, 내 마음속의 응어리가 풀어지고 마음이 풀어져야 나도 편안하고 자식들에게도 좋다고 하는데, 어찌 응어리가 이다지도 풀리지 않습니까? 스님, 저는 이미 며느리와의 응어리가 다 풀어진 줄 알았습니다. 그런데 꿈속에서 며느리하고 다툴 때 쌍칼까지 솟았으니…. 내 가슴 속, 깊고 깊은 곳에는 아직도 며느리에 대한 미움이 남았는가 봅니다. 스님, 어떻게 하면 좋겠습니까?"

나는 할머니에게 평소에 '지장보살'을 외울 것을 권했습니다. 그리고 아침저녁 예불 끝에 며느리가 있는 쪽을 향해 3배를 하면서 다음과 같이 축원을 하도록 일러드렸습니다.

"지난날 당신에게 잘못한 것을 모두 참회합니다. 어떻든 우리가 좋은 인연으로 만났으니 나의 참회를 모두 받아주시고 당신도 푸십시오."

약 2년 뒤, 법회가 있어 다시 그 절로 찾아간 나에게 할머니는 말했습니다.

"스님, 참회의 영험이 그렇게 빨리 오고 그렇게 큰 줄 몰랐습니다. 스님께서 일러주신 대로 예불 끝에 3배를 하였더니 정말 응어리가 많이 풀어졌는지 며느리가 크게 바뀌었습니다. 아들은 바빠서 한 달에 한 번 보기도 힘들지만, 며느리는 먹을 것이랑 옷가지를 챙겨 주말마다 꼭 손자들을 데리고 옵니다. 그리고 집안에서 있었던 일을 자세히 보고하고 이런저런 집안일을 의논합니다. 스님, 참회의 공덕이 그렇게 훌륭한 줄은 미처 몰랐습니다. 감사합니다."

"보살님, 계속 하십시오. 끝까지 그 참회를 계속하십시오."

⁂

가족을 향한 참회의 절을 하면 '나'의 마음 깊은 곳

에 뭉쳐있던 응어리가 저절로 풀어집니다. '나'의 응어리가 풀어지면 상대의 응어리도 풀어지기 마련이고, 서로의 응어리가 풀어지면 모두 좋아지지 않을 수가 없는 것입니다.

 지금 우리의 마음 속에 부모나 남편·아내·시부모·며느리·사위·아들·딸 등에 대해 괘씸한 생각이나 섭섭한 감정이 있으면 그 분이 있는 쪽을 향해 절을 하십시오.

 정녕 우리가 참된 불자라면 가족을 향한 절을 통하여 인간의 참된 정을 느끼며 살아야 합니다. 흐뭇하고 즐겁고 좋은 것뿐인 참된 인정을 체험하며 살아야 합니다. 참된 인정은 참된 성품과 통하는 것입니다. 진정(眞情)은 진성(眞性)으로 이어지며, 인정이 진성으로 이어지면 도가 저절로 깊어지게 됩니다.

 그럼 가족을 향한 절은 어떻게 해야 하는가?

 먼저 절의 횟수입니다. 절은 가족 한 사람에 대해 3배씩만 하면 됩니다.

 장소는 집이든 사찰이든 상관이 없습니다. 평소에 집에서 기도를 하면 집, 사찰에 가서 기도를 하면 사찰에서 하면 됩니다. 곧 평소의 기도를 끝낸 다음 바로 하라는 것입니다.

만약 지금 특별히 하는 기도가 없다면 천수경을 외우거나 오분향 예불을 올린 다음 절을 하여도 좋고, 반야심경을 3편 또는 7편을 독송한 다음 절을 하여도 좋습니다. 그냥 형편에 맞게 기도를 하고 절을 하면 됩니다.

절 또한 상대방 앞에 가서 하는 것이 아니라, 기도한 그 자리에서 가족이 있는 방향으로 몸을 돌려 한 사람에 대해 3배씩 절을 하면 됩니다. 오히려 상대방 바로 앞에 가서 절을 하게 되면, 상대의 자존심을 상하게 하거나 당황하게 만들고 스스로의 마음도 잘 모으지 못하게 되므로, 보이지 않는 곳에서 절을 하여 '나' 속의 응어리부터 풀어야 합니다.

가장 중요한 것은 마음 속으로 염하는 축원의 내용입니다. 만약 가족 간에 아무런 문제도 없는 경우라면,

'감사합니다. 언제나 건강하시고 당신의 바라는 바가 이루어지소서.'

서로 갈등이 있는 가족을 향해서는,

'잘못했습니다. 세세생생 당신에게 잘못한 것을 모두 참회합니다. 나의 참회를 모두 받아주시고 마음을 푸십시오.'

이렇게 3번씩 염하시면 됩니다.

그리고 기간은 3년을 작정하고 하십시오. 3년만 꾸준히 하면, 모든 응어리가 풀리고 서로의 막혔던 마음이 풀리면서 잘 통하게 됩니다.

보이지 않는 곳에서 사랑하는 가족을 향해 3배를 드리고 축원을 하거나 참회를 하는 것! 이렇게 하는 것을 어렵다고 할 사람은 아무도 없을 것입니다. 주저말고 실천해 보십시오. 비록 3배의 절과 한마디의 축원이지만, 꾸준히 하다보면 모든 매듭이 풀리고 응어리가 녹아내립니다.

나이의 많고 적음을 따질 것도 아니요, 신분의 높고 낮음을 따질 일도 아닙니다. 마음에 맺히고 걸리는 것이 많다고 느끼는 그 당사자가 먼저 절을 시작하면 됩니다. 상대가 며느리면 어떻고 자식이면 어떻고 아내면 어떻습니까? 그렇게 절을 할 수 있는 이가 바로 '보살'이 아니겠습니까?

이렇게 절을 하고 참회를 하다보면 '나'의 감정이 아닌 인간의 참된 정을 체험하게 되고, 참된 인정을 느끼게 되면 언제나 흐뭇함과 기쁨과 평온함 속에서 살 수 있게 됩니다. 나아가 가족들끼리 서로 절을 하며 살게 되면, 그 집안은 그야말로 극락으로 바뀝니다.

   가족을 향한 하루 3배씩의 절! 이 속에서 부처님의 진정한 자비를 깨달을 수 있게 됩니다. 이 속에서 '나'의 감정이 아닌, 참된 인정을 체험하게 됩니다.

   잘 생각하여 꼭 실천해 보기를 청하여 봅니다.

   나무마하반야바라밀.

III

복을 가꾸며 사는 불자

복 짓는 삶, 까먹는 삶

복되게 살기를 바라는 우리 불자들! 누구나 복되게 살기 위해서는 행복의 씨를 심어야 하고 복을 가꾸며 살아야 합니다. 그런데 '나'는 어떠합니까? 복을 지으며 살고 있습니까? 복을 까먹으며 살고 있습니까?

일제강점기에 진주 땅에는 정명수라는 천석꾼이 있었습니다. 정명수는 해가 질 무렵이 되면 쌀 두 자루와 돈 주머니를 지니고 나와 마을을 돌아다니다가, 울음소리나 다투는 소리가 나는 집이 있으면 쌀자루와 돈자루를 몰래 방문 앞에 놓아두었습니다. 또한 인근 마을에 흉년이 들거나 큰물이 나서 사람들이 굶주리게 되면 양식과 돈을 아낌없이 베풀었습니다. 그러나 심부름하는 사람에게는 철저히 다짐을 주었습니다.

"그들에게 절대로 나의 이름을 밝혀서는 안된다. 만약 내가 보내었다는 말을 하게 되면 다시는 우리 집에서 일을 못한다."

1949년 6월 21일, 이승만대통령이 지주의 땅을 소작인이 가질 수 있도록 하는 농지개혁법을 공포하였을 때, 대부분의 지주들은 관계 법령의 허점을 교묘히 악용하거나 위반하여 분배해야 할 농지를 임의 처분하거나 은닉하는 사례가 적지 않았습니다. 하지만 정명수는 달랐습니다. 오히려 소작인들을 모두 불러 말했습니다.

"그대들이 농사를 짓고 있는 땅에 대해 소작을 한다고 신고하지 말고, '나의 땅' 이라고 신고를 하시오. 이제 나라의 법이 바뀌었으니, 그 땅은 '정명수'의 땅이 아니라 당신들의 땅이오."

"안됩니다. 몇십 년 동안이나 선생님의 은혜를 입으며 소작을 하였는데 아무런 보상도 없이 그 땅을 차지하라니요? 은혜를 원수로 갚는 것과 다름없는 일을 저희가 어떻게 합니까?"

"아니오. 나라의 법이 그렇게 되었으니 내가 시키는 대로 하시오."

그 뒤 농민들은 농사를 지어 첫 수확을 거두면 반드시 정명수 선생의 집에 가지고 왔으며, 선생이 돌아가신 다음에도 그 발길이 아들의 집에까지 이어졌습니다. 물론 정명수 선생의 후손들은 지금까지도 아주 잘 살고 있습니다.

반면, 같은 시기에 진주에는 김진태라는 갑부가 있었습니다. 김진태는 지독한 자린고비였습니다. 밥상 위에 굴비를 매달아 놓고 밥을 먹었는데, 그 굴비를 두 번 쳐다보게 되면 '아, 짜다'고 소리를 쳤다고 하며, 파리가 간장에 발을 담그면 그 파리를 잡기 위해 십리를 따라갔다는 이야기가 생겨날 정도로 인색하기 그지 없었습니다.

그는 아무리 딱한 사정이 있는 사람일지라도 비싼 이자를 주지 않으면 절대로 돈을 빌려주는 법이 없었고, 소작인들을 혹독하게 착취하여 돈을 모았습니다. 그런데 해방이 되어 농지를 모두 몰수당하였고, 노름을 즐겼던 아들은 그나마 남은 재산을 다 날려버렸습니다.

6.25사변 후, 나는 오제봉스님이 주지로 있는 진주

의곡사에 있었습니다. 어느날 반 거지차림의 중년 남자가 의곡사로 올라오자 오제봉스님이 말했습니다.

"저 사람이 진주 갑부였던 김진태의 아들이다. 노름에 미쳐 만석 유산을 다 날리고, 아버지 비석까지 팔아치웠지. 그렇지만 자린고비 아버지로부터 박해를 받은 것 때문에, 어느 누구도 그에게는 맨밥 한그릇 대접을 하지 않는다네."

그 뒤, 김진태의 후손은 완전히 몰락하고 말았습니다.

조선시대 중기의 선조 임금 때, 경상도 선산지방의 갑부였던 최현(崔晛)과 고응척(高應陟)은 얼마 후 왜란이 일어날 것을 알게 되었습니다. 그날부터 고응척은 가지고 있던 전답을 팔아 호의호식하였으며, 최현은 가지고 있던 돈으로 땅을 팔기를 원하는 사람들의 전답을 모두 사들였습니다.

전쟁이 나면 살아 남을지 죽을지 조차 알 수 없는 판에 전답을 무조건 사들이는 최현의 행동이 고응척의 눈에는 너무나 엉뚱하게 보였습니다. 그래서 최현에게 그 까닭을 물었습니다.

"나인들 전쟁이 일어나면 전답이 필요없다는 것을 왜 모르겠습니까? 허나 내가 전답을 사주지 않으면 그 사람들은 당장 써야 할 돈을 마련할 수 없을 것입니다."

얼마 뒤 임진왜란이 일어났고, 고응척의 후손은 끊어졌으나 최현의 후손인 전주 최씨들은 대대로 부귀를 누리면서 지금까지 이어오고 있습니다.

8

이 두 편의 이야기가 보여주듯이, 덕을 쌓고 복을 지으면 당대 뿐만 아니라 자손 대대로 편안하고 안락하며, 사리사욕으로 돈에만 집착하여 복을 깎고 까먹으면 당대에는 비록 편안할지 몰라도 후손들까지 잘 살 수는 없게 됩니다. 혹 어떤 이는 이에 대해 반박을 할 것입니다.

"윗대에서 복을 쌓지 않았으면 당대에서 과보를 받아 그 당대로 끝나야지, 후손들이 망하여 고초를 받는 것은 인과의 법칙에 맞지 않는 것이 아닌가?"

아닙니다. 이것은 인과의 법칙에 조금도 어긋나지 않습니다. 그 당사자는 스스로가 세운 원력에 따라 금생에는 얼마든지 부자로 살 수가 있지만, 내생에는 금생에 복을 짓지 않은 과보를 꼭 받게 되는 것입니다.

또한 서로의 인연이 깊은 이들이나 비슷한 업을 지은 이들이 부모 자식의 관계로 맺어지는 경우가 많기 때문에, 후손들이 선대의 인과를 공유하게 되는 것입니다.

보이지 않는 복을 쌓아라

정녕 우리는 사랑하는 아들 딸과 후손을 생각해서라도 덕을 베풀고 복을 쌓아야 합니다. 눈에 보이는 복만이 아니라, 눈에 보이지 않는 복을 쌓으며 살아야 합니다.

어느 해에 동대구역에서 기차를 타려고 기다리다가, 현재 미국에서 포교를 하고 있는 한 스님을 만났습니다. 그 스님은 나와 여러 절에서 함께 살았기 때문에 잘 알고 지냈는데, 매우 뜻밖의 질문을 하였습니다.

"스님은 인과 이야기를 많이 하시던데, 정말 인과가 있습니까?"

"있지요."

"저는 인과를 안 믿습니다."

"왜요?"

"다른 것은 제쳐 두고라도 우리나라와 일본의 경우를 살펴보십시오. 역사적으로 우리는 일본놈들에게 당하기만 하였습니다. 한 번 당하면 한 번 되갚는 것이 인과의 법칙인데, 왜 우리는 계속 당해야만 합니까?"

"스님은 일본을 가 보았습니까?"

"예."

"일본 사람들의 집에도 가 보았습니까?"

"예."

"그들의 집에 있는 가미다나(조상을 모신 단)를 보았습니까?"

"예."

"그들이 그 앞에서 어떻게 합디까?"

"매일 아침 저녁으로 예배를 드립디다."

"그리고 시골의 여러 마을에도 가 보셨겠지요?"

"예."

"그곳에서 향연기에 끄을러 꾀죄죄하게 된 조그마한 신사(神祠)들을 보았습니까?"

"예."

"누군가가 아침마다 향과 꽃을 올리며 신사를 청소하고, 사람들이 길을 가다가 그 앞에 이르러 예배를 드리는 모습도 보았습니까?"

"예."

"그럼 알 것이 아닙니까? 왜 우리가 당하고만 있는지를…."

"예?"

"일본에서는 도시계획을 할 때 아무리 조그마한 신사라하여도 철거를 하지 않습니다. 신사를 피해 길을 뚫거나, 부득이한 경우에는 그 신사를 다른 곳으로 온전히 옮겨 보존합니다. 그런데 우리는 어떻습니까? 아무리 오래 된 당집이라고 하여도 도시계획이라는 이류 아래 확 밀어버립니다."

"그것이 침략자인 일본놈에게 계속 당하는 우리와 무슨 관계가 있습니까?"

"일본사람들은 아침 저녁으로 부처님과 조상의 신단 앞에서 기도를 하고, 어떠한 경우라도 예부터 내려오는 신사들을 보호하면서 눈에 보이지 않는 복을 닦고 있습니다. 그런데 우리는 어떻게 하고 있습니까? 조상의 제사도 지내지 않는 이가 부지기수요, 전통적인 당집을 불도저로 확 밀어버립니다. 이것이 복을 털어버리고 복을 발로 차버리는 것이 아니고 무엇입니까? 눈에 보이지 않는 복을 쌓는 일본사람과 복을 차버리는 우리! 어떻게 우리나라의 복력(福力)이 일본에 미치겠으며, 복력이 모자라는 데 어찌 당하지 않을 수 있겠습니까? 인과의 법칙에 따르면 복 많은 이에게는 박복한 이가 당하지를 못하기 때문에, 우리가 계속 당하기만 하는 것입니다."

눈에 보이지 않는 복. 우리는 눈 앞에 보이는 복은 즐겨 쌓으면서도 눈에 보이지 않는 복은 쌓으려 하지 않습니다. '나'의 편안함과 현실적인 이익에 급급하여 깊은 복은 쌓으려 하지 않습니다.

예전에 일본 홋카이도에 갔을 때 기독교를 믿는 여교사의 집을 방문하게 되었습니다. 그 집에는 오래된 가미다나가 있었습니다. 더욱이 가미다나의 가장 위쪽에는 부처님을 모셔 놓았고, 가운데에는 조상들의 위패,

밑쪽으로는 조그마한 향로와 촛대와 다기가 놓여 있었습니다.

'기독교를 믿는 집안에 가미다나가 있다니? 집안 대대로 내려온 것이라 놓아둔 모양이다.'

우리나라의 기독교 집안을 연상하며 혼자 추측을 하고 있었는데, 여교사가 촛불을 켜고 향을 피우고 차를 다려 올린 다음 절을 하는 것이었습니다. 참으로 상식 밖의 일이라 그녀에게 물었습니다.

"기독교를 믿는 분이 왜 그렇게 합니까?"

"이것은 조상대대로 해온 일입니다. 제가 기독교를 믿는다고 하여 그 전통을 버려서야 되겠습니까?"

"선생께서만 그렇게 합니까?"

"저 뿐만이 아닙니다. 대부분의 기독교인들이 그렇게 합니다."

ε

이 얼마나 떳떳하고 반듯한 마음가짐입니까? 이를 통하여, 그녀를 비롯한 많은 일본인들이 눈에 보이지 않는 복을 잘 닦고 있다는 것을 느낄 수 있었습니다. 그런데 이와는 대조적으로, 우리나라 불자들 가운데에는 집안 제사를 모시는 것이 싫다며 다른 종교로 개종을 하는 이들을 가끔씩 볼 수가 있습니다.

물론 당장은 편안할 것입니다. 그러나 눈 앞의 편안함 때문에 조상을 버리고 종교를 바꾸는 박복한 짓을 하여서는 안됩니다. 복을 깎아내고 복을 걷어차는 일을 저질러서는 안됩니다.

내가 잘되고 후손이 잘되고 이 나라가 잘되도록 하기 위해서는 우리 모두 보이지 않는 깊은 복을 닦아야 합니다. 불교인이든 기독교인이든 무종교인이든, 전통과 뿌리를 소중히 여기며 복을 닦아야 합니다.

'나'와 다르다고 하여 서로 욕을 할 것도 아니요 등을 돌릴 것도 아닙니다. 스스로에게 주어진 환경 속에서 마냥 복을 닦으며 살아야 합니다. 그 누구도 복을 닦는 사람은 못이깁니다. 그러므로 몸으로 복을 닦으며 복된 말을 하고 복된 마음가짐으로 살아가야 합니다.

보이지 않으면 없는 것인가?

결코 눈에 보이지 않는 것이라고 하여 무시하며 살지 마십시오. 때로는 눈에 보이지 않는 것이 더 크게 작용하여 우리를 복되게도 하고 깊은 불행 속으로 빠뜨리기도 합니다.

울산에서 방어진 쪽으로 가다보면 현대조선소 조금 못미쳐에 남목이라는 동네가 있습니다. 이 동네에 당집이 있었는데, 아파트 단지 이면도로를 만들면서 당집을 철거하여 버렸습니다.

그런데 동장이 당집을 철거한 지 꼭 석달되는 날 죽어버렸습니다. 후임 동장도 석달 만에 죽었습니다. 또 그 다음에 간 동장도 석달 만에 죽었습니다. 당집을 철거한 다음 동장 세 명이 차례로 세상을 하직한 것입니다. 그것도 꼭 세 달의 간격을 두고….

　네 번째로 남목 동장으로 가게 된 사람의 부인은 불자였는데, 크게 근심하여 나에게 상담을 하였습니다.

　"스님, 울산시청에 근무하던 제 남편이 남목 동장으로 발령이 났습니다. 스님, 불안해 죽겠습니다. 어떻게 하면 좋겠습니까?"

　"가급적이면 동네 노인들과 상의하여 호젓한 자리에다 당집을 새로 짓는 것이 좋을 것입니다. 하지만 그것은 뒷날의 이야기고, 남편께서는 당장 출근을 해야할 형편이니, 출근하기 전에 꼭 반야심경 3편씩을 외우게 하십시오. 그리고 보살님은 남편을 대신하여 기도를 하십시오. 하루 두 시간 내지 세 시간씩 집에서 백일 동안 기도를 하십시오. 좋은 결과가 있을 것입니다."

☙

　이렇듯 당집을 철거하거나 불도저 등으로 산을 마구잡이로 밀어 화를 당하였다는 이야기는 참으로 많이 전해지고 있습니다. 우리의 눈에는 보이지 않지만, 그 영(靈)의 세계가 그대로 존재하고 있다는 것을 증명해주는 이야기들입니다.

그러나 우리는 '나'에게 직접 닥치지 않으면 대수롭지 않게 넘겨버리고, 눈에 보이지 않으므로 무시해 버립니다. 하지만 눈에 보이지 않는다고 하여 그 세계나 존재가 없는 것은 아닙니다. 그 존재의 생존 양식이 우리와 달라 볼 수 없고 느낄 수 없을 뿐입니다. 구체적으로 우리가 지내는 제사를 통해 이를 한번 생각해봅시다.

제사를 지내면 죽은 조상이 옵니까? 소위 말해 귀신이 제사음식을 먹습니까?

경주 남산의 동북쪽 기슭에 보리사라는 절이 있습니다. 1990년대 초, 이 보리사에서 40대의 보살이 아버지의 49재를 지냈습니다. 그녀는 49일 동안 아버지를 위하여 경전도 많이 읽고 염불도 열심히 하였습니다.

한 가지 일에 정성을 모아 몰두하면 식(識)이 맑아지듯이, 아버지를 지극정성으로 천도한 그녀도 어느 때보다 마음이 맑았습니다. 드디어 49일이 되어 막재를 지내는 날, 그녀가 법당에 앉아 있는데, 아버지가 법당으로 들어오시더니 영단 쪽으로 가는 모습이 선연히 보이는 것이었습니다. 그 순간 그녀는 자신도 모르게 소리쳤습니다.

"아이구, 아버지께서 어디에 앉으실까?"

위패를 비롯하여 각종 음식으로 가득 채워진 영단 위에 아버지가 앉을 만한 공간이 없음을 느끼고 그렇게 소리친 것입니다.

그러나 다음 순간 예상 밖의 모습이 보였습니다.

영단에 모시는 위패는 보통 종이로 연꽃을 만들어 그 위에 세웁니다. 그런데 아버지께서 바로 그 연꽃 위에 너무나 자연스럽고 편안한 자세로 앉는 것이었습니다. 그리고는 가족들이 바치는 잔을 매우 기쁘게 받으시고, 차려 놓은 음식을 매우 흡족해하면서 맛있게 드시는 것이었습니다. 얼마 후 그녀는 나에게 말했습니다.

"스님, 그날 이후 저는 세상을 보는 눈이 달라졌습니다. 사람이 죽어 초상을 치고 49재를 지내고 제사를 지내는 것을 남들이 하는 것처럼 피상적으로 하였을 뿐, 눈에 보이지 않는 저쪽 세계가 참으로 있다는 것을 몰랐습니다. 그런데 아버지께서 그 좁은 연꽃 위에 편안히 앉으시고, 가족들이 올리는 잔과 차린 음식을 그렇게 흐뭇하게 드실 수가 없었습니다. 이제 저는 세상을 눈꺼풀에 덮여 있는 이 눈으로만 쳐다보아서는 안된다는 것을 깨달았습니다."

☙

　요즈음의 주부들은 제사음식 장만하는 것을 많이 힘들어 합니다.

　눈에 보이는 것과 현실적인 이익을 소중히 여기는 현대인으로서는 어쩌면 당연한 일일 수도 있습니다. 많은 돈에 힘까지 들여 푸짐하게 차려 놓은 음식 가운데 밤 한톨 드신 흔적이라도 있고, 술 한 모금 마신 표라도 있으면 보람이라도 있을텐데, 다녀 가신 것조차 느낄 수 없으니, 음식을 장만하는 것이 힘들기도 할 것입니다.

　그러나 그 음식을 드시는 분이 우리와 같은 육신을 지니고 있지 않을 뿐 아니라, 다른 생존 양식을 취하고 있기 때문에 음식을 먹어도 그 음식이 줄어들지 않는 것일 뿐, 실제로 먹지 않는 것은 아닙니다. 곧 그분들은 인간의 눈으로 볼 수 있는 육신의 세계가 아니라 영적인 법신(法身)의 세계에 살고, 인간이 볼 수 없는 법신의 몸으로 와서 드시는 것이기 때문에 오신 것을 느낄 수도 없고, 먹은 흔적조차 없는 것일 뿐, 실지로는 오시고 또 먹는다는 것입니다.

만약 우리 불자들이 보리사에서 49재를 올린 경주 보살처럼, 영가가 직접 와서 좌정을 하고 음식을 드시는 것을 체험하였다면, 그야말로 제사음식을 만드는 일에 정성을 다할 것이고, 위패를 모시는 정도가 아니라 조상들이 와서 앉을 수 있는 자리까지도 제사상 앞에 따로 마련할 것입니다.

간절히 당부하건데, 우리의 눈으로 확인하지 못한다고 하여 눈에 보이지 않는 반쪽의 세계를 무시하며 살지를 마십시오. '죽으면 그만이요, 이 세상 외의 다른 세상은 없다'는 생각으로 살지 마십시오.

보이는 반쪽 세상 만큼이나 보이지 않는 반쪽 세상 또한 중요합니다. 우리가 전혀 상상도 하지 못하고 있는 그 반쪽 세계가 언제나 평소의 우리와 함께 하고 있습니다.

죽은 다음에 간다는 지옥과 극락 또한 마찬가지입니다. 평소에 마음가짐을 바르게 하고 실천을 잘하여 복을 쌓게 되면, 숨진 다음에 바로 극락의 세계를 수용할 수 있습니다. 그러나 평소의 마음 씀씀이가 틀렸고 행동이 틀렸으면 숨진 다음에 수용하는 세계가 가시밭길이요 무서운 지옥이 되는 것입니다. 결코 극락과 지옥은 평소의 '나'와 따로 있는 것이 아닙니다. 이 몸뚱이를 벗어버리면, 평소의 마음가짐과 실천에 따라 내가 있는 곳이 극락도 되고 지옥도 되는 것입니다.

그래서 나는 우리 불자들에게 보이지 않는 반쪽 세상을 늘 돌아보며 살 것을 당부드립니다. 업보가 보이지 않고 반쪽 세상이 보이지 않는다고 하여 마구잡이로 살지 말고, 언제나 경건하고 조심하면서 복을 짓고 복을 쌓으며 살아갈 것을 당부드립니다.

꼭 명심하십시오. 눈에 보이지 않는 세계, 지금 이후에 수용해야 할 '나'의 세계가 현재의 '나'와 한 치의 떨어짐도 없이 보조를 맞추며 가고 있다는 것을!

복은 인간의 몸을 받았을 때

정녕 보이는 세계와 보이지 않는 세계가 더불어 있는 것이 대우주의 섭리이기 때문에, 우리는 보이지 않는 반쪽 세계를 바라보고 생각하면서 복을 짓고 복을 쌓는 노력을 게을리하여서는 안됩니다. 특히 현재와 같은 '인간의 몸'을 지녔을 때 복을 닦아야 합니다.

경상남도 양산시의 내원사로 들어가다가 계곡을 건너지 않고 계곡을 따라 안쪽으로 가면 '석불노전'이라고 하는 조그마한 암자가 있습니다. 한동안 비어있던 절을 1970년 경에 50대의 비구니 스님이 맡아서 살게 되었습니다. 그런데 그곳에는 쥐가 유난히 많이 들끓었습니다. 하루는 노전 비구니 스님이 범어사 대성암으로 갔다가 새끼 밴 고양이가 있는 것을 보고 동료 비구니 스님에게 부탁을 했습니다.

"석불노전에는 쥐가 너무 많아 못살겠어요. 이 고양이가 새끼를 낳거든 한 마리만 줘요."

마침내 고양이가 새끼를 낳자 한 마리를 얻어와서, 수건으로 새끼고양이의 요와 이불을 만들어 발치의 따뜻한 곳에 재웠습니다. 그날 밤 스님은 꿈을 꾸었는데, 고양이가 누운 자리에 초라한 할머니가 서서 하소연을 하는 것이었습니다.

"스님, 나 좀 잘 거두어줘요. 범어사 밑의 남산동에 살았는데, 집안이 가난하여 남의 눈을 속이다가 이렇게 되었어요. 날 좀 잘 거두어 줘요."

스님은 꿈인 줄 모르고 꿈 속에서 고양이 걱정을 했습니다.

'저 자리는 우리 고양이가 자던 곳인데…. 아이구, 저 할머니가 우리 고양이를 안 밟았는가?'

놀라서 깨어나 보니 할머니가 서 있었던 자리에는 고양이가 여전히 자고 있었습니다. 다음 날 석불노전 스님은 대성암으로 가서 꿈에 나타난 할머니의 모습을 이야기했습니다. 그러자 대성암에 있던 여러 비구니 스님들이 말했습니다.

"그래, 남산동에 그렇게 생긴 할머니가 계셨지. 집안이 가난하여 남의 집에 품을 팔러 가지 아니하면 입에 풀칠을 할 거리도 없는 불쌍한 노인이었어. 일이 없는 날이면 범어사로, 이 대성암으로 올라왔는데, 그때마다 찬밥이나 남은 떡, 반찬들을 조금씩 싸주었지. 그런데 때로는 눈을 속이는 거야. 훔치는 것이었어. 그렇다고 하여 귀중품이나 돈에 손을 대는 것이 아니라, 찬밥 몇 덩이나 김치, 나물, 떡부스러기를 가져갔으므로 모르는 체 하였지. 그런데 얼마 전에 돌아가셨지. 아직 49일이 못 되었을거야."

이야기를 듣고 석불노전으로 돌아와 고양이를 보니 고양이가 고양이로 보이지 않았습니다. 고양이가 초라하고 불쌍한 할머니로 보이는 것이었습니다. 그 때문에 스님은 고양이를 꾸중 한 번, 매 한 번 때리지 않고 키웠습니다.

그 고양이가 여러 차례 새끼를 낳았고 동네의 임자없는 고양이들을 끌어들여 석불노전에 30여 마리의 고양이가 들끓었지만, 스님은 그 고양이를 내보내지 않고 정성껏 거두었습니다.

'저 고양이는 실수한 사람의 모습이다. 불쌍한 노인이 생각을 잘못 일으켜 저와 같은 업보를 받았으니…'

그와 같은 생각이 들어 정성을 다해 돌보았던 것입니다. 그 고양이도 스님을 유난히 따랐습니다. 스님이 출타를 하면 동네 밖까지 따라나와 '잘 다녀오세요' 하는 듯이 '야옹야옹' 하였고, 스님이 돌아올 때를 어떻게 알았는지 동네 밖에 나와 기다리고 있었습니다.

그런데 그 고양이가 2년 반이 지나자 그만 죽어버렸고, 스님은 7일 마다 한 번씩 재를 올리며 49재를 지내주었습니다. 스님은 재를 지낼 때마다 고양이를 위해 축원을 했습니다. 눈물을 글썽이며 축원을 했습니다.

"복이 없어도 좋으니 인간이 되어 다시 오너라. 인간으로 태어나면 참회할 기회도 있고 복을 지을 기회도 있다. 또다시 네 발 가진 나라로 가면 이것도 저것도 안 된다. 절대로 네 발 가진 축생이 되지 말고 인간세상으로 다시 오너라."

⁂

실로 복을 닦고 도를 닦는 데는 인간만큼 좋은 몸이 없다고 합니다. 축생이나 지옥의 세계에서는 죄업에 대한 과보만 받게 되고, 천상세계는 즐겁지만 쌓아 놓은 복만을 까먹으며 살게 되지만, 인간의 몸일 때는 얽힌 것을 풀 수 있는 기회, 참회할 기회, 복을 쌓을 수 있는 기회가 주어집니다.

참으로 우리는 사람의 몸을 받은 이 때에 갚을 것을 갚고 얽힌 것을 풀면서 큰 복을 닦아야 합니다. 이 몸을 받았을 때 빚을 갚고 모든 장애를 풀고 자꾸자꾸 복을 닦아야 합니다. 전생에 지어놓은 복을 까먹지만 말고, 복을 짓고 복을 쌓아가야 합니다.

또한 복을 지음과 동시에 염불·참선·경전 독송 등의 지혜를 닦는 공부도 함께 하여 복혜양족(福慧兩足)의 부처님이 되는 길로 나아가는 불자가 되어야 할 것입니다.

❦

이제 나는 '제발 부처님을 나의 욕심을 채워주는 분으로 착각을 하지 말 것'을 우리 불자님들께 거듭 당부 드립니다.

부처님께 드리는 우리의 기원이 '나의 잘못은 부처님께서 가져가시고 나에게는 좋은 결과만 주시라'는

식이 되어서는 안됩니다. 결코 부처님은 우리의 욕심을 채워주시는 분이 아닙니다. 복을 주시거나 벌을 내리시는 분이 아닙니다.

일찍이 부처님께서는 '나의 말을 따르라'는 말씀조차 하지 않았습니다. 오로지 잘 사는 방법, 훌륭하게 향상하는 방법, 복짓는 방법, 해탈하는 방법 등을 자상하게 일러주시고 깨우쳐주시며, 처음부터 끝까지 '스스로 체험을 하라'고 하셨습니다. '스스로 명상하고 스스로 체험하라'고 하셨을 뿐, '나의 말을 따르라', '나의 말을 믿으라'는 말씀은 하지 않으셨습니다.

"나의 말을 스스로 생각해보고 옳으면 스스로 실천하여 그대 자신이 체험해보라."

부처님 가르침의 핵심은 바로 이 속에 있습니다. 그리고 바로 이 속에 기도성취의 비결도 들어 있습니다.

결코 '나'의 삶에는 대리자가 있을 수 없습니다. 부처님도 스님도 부모님도 배우자도 '나'의 대리자가 될 수 없습니다. 그러므로 내가 복의 씨앗을 뿌려 복의 싹을 가꾸고 복의 열매를 거둔다는 것, 내가 재앙의 씨앗을 뿌려 재앙의 싹을 기르고 재앙의 열매를 거둔다는 것을 늘 생각하십시오.

부디 인간의 몸을 받았을 때 '나'의 복을 '나' 스스로가 닦아, 보이는 이 세계와 보조를 맞추며 가고 있는 '나'의 보이지 않는 세계를 준비하고, 복과 지혜를 성취하시기를 간절히 축원드립니다.

나무마하반야바라밀.

IV
불자의 길 불자의 삶

착각에서 깨어나라

이 장(章)에서는 앞의 세 장(章)에서 이야기한 내용을 종합하면서 새롭게 전개시켜보고자 합니다. 잘 새겨 오해가 없기를 당부드립니다. 먼저 엉뚱한 질문부터 던져보고자 합니다.

이 글을 읽고 있는 '나'는 불자(佛子)입니까? 불교신자(佛敎信者)입니까?

불자는 '나' 스스로 부처가 되어나가는 사람이요, 불교신자는 부처님과 부처님의 가르침을 무조건 믿고 의지하는 사람입니다. 그렇다면 '나'는 불자입니까? 불교신자입니까?

부처님과 예수님과의 다른 점을 생각해보면 불자와 불교신자의 차이점을 잘 알 수 있습니다. 곧 예수님은 오로지 믿고 따라갔을 뿐이지만, 석가모니 부처님은 처음부터 끝까지 자기의 힘으로 걸어가서 자기의 힘으로 성취하고 자기의 힘으로 마무리를 하신 분입니다.

이처럼 불교는 무조건 믿고 따라가는 종교가 아닙니다. '나' 스스로 부처가 되는 길을 걷는 종교입니다. 석가모니 부처님처럼 '나'의 힘으로 하나씩 하나씩 고쳐나가고 닦아나가는 불자(佛子)가 참된 부처님의 제자요, 무조건 믿고 따라만 가는 불교신자는 참된 불자가 아닙니다.

불자의 길을 밥에 대한 설법으로 예를 들면 이렇습니다.

"밥에는 이러이러한 영양분이 들어있고 밥을 먹으면 어떻게 된다. 너희가 그 밥을 직접 먹어보아라. 먹어보고 배가 부르거든, '아, 밥을 먹어보니 배가 부르더라'는 그것만 믿어라."

불경을 많이 보신 분은 알겠지만, 불교의 어느 경전 어느 구절에 '나를 믿고 따르라'는 말씀이 있습디까? 팔만대장경을 거꾸로 살펴보아도 부처님의 말씀에는 '내 말이니 믿어라. 내 말을 믿고 따라오라'는 말씀은 없습니다.

오직 '너의 힘으로 하라' '직접 체험한 것을 믿어라'고 하셨습니다. 직접 밥을 먹어보고 배가 부르거든, '아, 밥을 먹어보니 배가 부르더라'는 그 경험만을 믿으라고 하셨습니다.

앞의 장에서도 말씀드렸지만, 불교인들 가운데는 부처님을 '나'의 욕심을 채워주는 분으로 착각을 하는 '불교신자'들이 많이 있습니다.

"제가 저지른 잘못이오나 그 허물은 부처님께서 자비심으로 덮어주시고, 저에게 좋은 결과를 주옵소서."

이렇게 요행을 바라며 불교를 믿는 '불교신자'들이 많습니다. 하지만 부처님은 '나'의 욕심을 채워주는 분이 아닙니다. 오히려 옆에 계시다면 냉정하게 깨우쳐 주실 것입니다.

"네가 뿌린 씨앗은 네가 거두어야지, 씨앗은 네가 뿌려놓고 열매는 누구더러 따라고 하느냐? 네가 뿌린 씨앗은 너 외에는 거둘 이가 없다."

이것이 석가모니불의 가르침입니다. 그러므로 나는 찾아오는 불자들에게 당부를 드립니다.

"부처를 믿지도 말고 부처님께 기대하지도 마십시오. 오직 '나'를 뒤돌아보십시오. 우리가 '내다, 내다'

고 하는 그 '나'를 뒤돌아보십시오. 전생을 돌아볼 능력이 없으므로 전생 일은 그만두고라도, 금생에 내가 뿌린 씨앗은 뒤돌아볼 줄 알아야 합니다. 내가 복의 씨앗을 뿌렸으면 복이 저절로 오게 되어 있고, 내가 재앙의 씨앗을 뿌렸으면 내가 그 재앙을 감당해야지 어떻게 하겠습니까?"

실로 '나'의 인생은 '나'의 책임일 뿐, 부처님은 모든 분을 책임져주는 분이 아니십니다.

『능엄경』을 보면, 부처님의 사촌동생이요 부처님께서 지극히 아끼는 아난존자가 마등가의 유혹에 빠졌다가 벗어났을 때, 아난존자가 부처님께 고백한 대화가 수록되어 있습니다.

"제가 부처님을 따라 발심하여 출가하였사오나 부처님의 위엄과 신령스러움만 믿고서 늘 스스로 생각하기를 '내가 애써 닦지 아니하여도 부처님께서 나에게 삼매(三昧)를 얻게 해주실 것이다'라고 하였습니다.

몸과 마음은 본래 서로 대신하지 못한다는 것을 알지 못한 채 저의 본심을 잃었으니, 몸은 비록 출가하였으나 마음은 도에 들어가지 못함이 마치 가난한 아이가 아버지를 버리고 도망간 것과 같습니다.

오늘에야 비로소 제 아무리 많이 들었다 하더라도 수행하지 않으면 듣지 아니한 것과 같음을 알았사오니, 이는 마치 사람이 말로만 음식을 말하고 먹지 않으면 결코 배부르지 않는 것과 같습니다."

우리 모두도 마찬가지입니다. 속가에 계신 분들은 아들 딸을 키우고 있지만, 과연 아들 딸을 대신하여 해줄 수 있는 것이 무엇입니까?

지금 울산에 사는 50대 주부가 40대 초반에 경험한 일입니다.

딸이 고등학교 입학시험을 치는 날, 그녀는 아침밥을 해 먹이고 시험을 치르러가는 딸의 뒤를 쳐다보며 울었습니다. '사랑하는 딸의 일이라면 무엇이라도 해줄 것 같았는데 어머니가 되어 시험을 치르러가는 딸을 대신하여 아무 것도 해줄 것이 없었기 때문'입니다. 그녀는 나에게 말했습니다.

"스님, 엄마가 이렇게도 무능한 존재이고, 사랑하는 딸에게 이렇게도 해줄 것이 없는 존재인지를 예전에는 미처 몰랐습니다."

8

그렇다면 우리는 어떻습니까? 아들 딸을 대신하여 인생을 살아줄 수 있습니까? 얼른 생각하면 누군가가 대신해줄 수 있을 것으로 착각을 합니다. 하지만 이것은 그야말로 우리의 착각이요 욕심이요 망상일 뿐입니다. 나는 우리 불자들에게 자주 질문을 합니다.

"화장실에 '나' 대신 보내본 사람이 있습니까? 아들을 화장실에 대신 보내봤습니까? 딸을 화장실에 대신 보내봤습니까? '나'의 배가 고플 때 아들이 음식을 먹는다고 하여 '나'의 배가 불러본 이가 누구입니까? '나'의 목이 마를 때 남편이 물을 마시는 것을 보고 목이 시원했던 사람이 있습니까?"

이 질문을 받고 "저요!"라고 답하는 분은 아직까지 찾지 못하였습니다. 그렇습니다. 새벽에 일어나 잠자리에 들 때까지 바쁘다고 동동 뛰어봐야 별 수 없고, 힘들다고 소리쳐본들 별 수가 없습니다. '나'의 일은 내가 해야만 합니다. '나'의 인생은 내가 살아야 합니다. '나' 아니면 존재하지 않는 인생이기에 '나' 아니면 할 수 없는 일들이 허다할 뿐입니다.

  그런데 왜 '나'의 일을 누군가가 해줄 것이라 믿습니까? 왜 부처님께서 대신해줄 것으로 믿습니까? 이제 이와 같은 착각은 버려야 합니다. 착각을 버리고 '나'를 뒤돌아보며 살아야 합니다.

먼저 가족에게 잘하라

　기억을 되돌려 우리의 아들 딸에 대해 생각을 해봅시다. '나'의 뱃속에 아들이나 딸을 간직하고 있을 때 보이지 않는 칼날을 휘두르지는 않았는지를….
　"고맙습니다. 아기 부처님이시여, 나의 몸 속에 편안히 계시다가 나오셔서 중생을 위해 이바지를 하소서."
　이와 같은 기원을 하며 열 달 동안 배 속에 자식을 간직한 분이 누구입니까? 이 정도는 아니라도 좋습니다. 오히려 때로는 짜증, 때로는 신경질, 때로는 화, 때로는 후회를 하면서 어머니와 자식 사이의 인과관계를 맺는 이가 너무나 많습니다.
　배 속에서만이 아닙니다. 배고프다고 아기에게 젖꼭지를 물리면서, 똥오줌을 치다꺼리하면서 짜증과 신경질을 부린 일이 한두 번이 아닐 것이며, 차츰 키우면서 내 자식에 대한 괘씸함, 내 자식에 대한 미움 없이 자식을 기른 부모가 누구입니까? 엄밀히 뒤돌아보면 자식을 위해 희생을 한 만큼이나 자식들에게 보이지 않는 칼날을 휘두르며 살아온 것이 우리들입니다.

세치의 짧은 혀로 '내 아들, 내 딸' 하면서, 바로 그 혀로 아들 딸의 가슴에 못을 치는 것이 우리 부모들입니다. 그럼 그 박힌 못이 앞으로 어떻게 작용을 하겠습니까?

또한 집집마다 남편과 아내들이 부부라는 명목 아래 서로에게 못할 짓, 못할 말을 함부로 하는 경우가 많습니다. 그런데 그 못할 짓, 못할 말이 아들 딸의 마음에 칼질을 하는 것임을 생각해보면서 부부싸움을 해 보신 분이 누구입니까?

모든 문제는 '나'에 대한 애착에서 비롯됩니다. '나'에 대한 애착이 눈앞을 가리면 남편도 아내도 증오의 대상이 되고 그토록 정성을 다해 키운 아들 딸도 화풀이감으로 바뀌어 마음에 상처를 주는 무서운 칼날을 휘두르고 맙니다. 과연 이러한 우리가 사랑하는 부부요 아낌없이 베푸는 부모라고 할 수 있습니까?

이렇게 집집마다 '부부싸움은 칼로 물 베기'라는 명분 아래, 서로에게 칼질을 하면서 집안에 검은 독기운을 마구 뿌리고, '부모자식'이라는 이름으로 집안에 독기운을 피워 놓으면서, 어떻게 재수가 있기를 바랄 것이며 집안이 잘되기를 바랄 수가 있습니까?

불자인 우리는 이러한 점을 되돌아보며 살아야 합니다. '나'에 대한 애착, '나'의 욕심 이전의 참된 '나'를 돌아보면서 집안의 향상과 행복을 바라보며 살아야 합니다. 이것이 참된 불자의 삶입니다. 그런데도 우리는 엉뚱한 쪽을 건너다보면서 엉뚱한 기원을 합니다.

"부처님, 저의 욕심을 채워주십시오. 저의 욕심을 채워주십시오."

절에 와서 나무나 돌이나 흙이나 청동으로 만든 불상 앞에서 열심히 기원을 한다고 하여 '나'의 욕심대로 이루어집니까? 안됩니다. 향상과 행복을 바란다면 철두철미한 '나'의 참회가 있어야 합니다. 불상에는 예배를 하지 않을지라도 '나'의 아버지라는 부처님, 어머니라는 부처님, 남편·아내·아들·딸이라는 부처님에게는 하루에 삼배씩 절을 올리며 참회하고 축원을 해야 합니다.

"제가 당신에게 잘못한 것을 모두 참회합니다. 언제나 건강하시고 당신이 원하는 일들을 순탄하게 이루소서."

이렇게 참회하고 축원을 하면서 '내 가족'이라는 부처님께 매일 삼배씩 절을 하시는 분이야말로 진정한 예불을 할 줄 아는 참된 불자입니다.

가족을 향해 절을 하면서 참회하고 축원을 하는 불자! 그런데도 대부분의 불자들은 절에 와서만 절을 하고자 합니다. 한 시간 두 시간, 천 배 이천 배도 마다하지 않습니다.

불상 앞에서는 무릎이 그토록 잘 꿇어지면서도 내 남편·아내·아들·딸이라고 하는 부처님에게는 무릎이 꿇어지지 않는다면, 과연 우리에게 신심이 있는 것입니까? 그 신심은 거짓 신심에 불과합니다.

진정한 신심을 갖추어 장차 부처가 될 불자라면, 내 가족이라는 부처님께 삼배씩을 꼭꼭 할 수 있어야 합니다. 결코 착각 속에서 살지 마십시오. 스스로 불자라고 하고, 절에 다닌다고 하고, 부처님의 가르침을 배운다고 하면서 엉뚱한 착각에 빠져 엉뚱한 쪽을 쳐다보면서 엉뚱한 망상 속에 젖어 사는 불자가 되어서는 안

됩니다.

"언제나 되돌아보아라. 네 스스로를 잘 단속하면 모든 일은 저절로 풀려지게 되느니라. 건너다보지 말아라. 건너다본다는 것은 벌써 속았다는 이야기니라. 속지말고 너를 되돌아보아라. 너만 충실하게 단속이 되면 주변의 일들은 모두 이루어지느니라."

이것이 부처님의 가르침인데, 절에 다니며 부처님의 가르침을 배우고 경을 읽는다고 하면서도 부처님 가르침의 골격은 잃어버린 듯, 엉뚱한 쪽을 바라보면서 착각과 망상에 젖어 있는 불자들이 너무나도 많은 것이 우리의 현실입니다.

부디 '나'를 돌아보며 참회하고, '나'를 단속할 줄 아는 불자가 되어 봅시다. 건너다보지 말고 가까운 내 가족을 부처님처럼 공경할 줄 아는 불자가 되어봅시다.

응어리가 문제이다

흔히들 '내 가족'이라고 하면 아무런 거리낌도 없는 것으로 착각을 합니다. 인간이 만들어놓은 '부부사이'라는 말에 속고 '부모자식'이라는 말에 속아서인지, 가족끼리는 어떤 칼질을 하여도 모두 풀어지는 것으로 착각을 합니다. 그러나 가장 무서운 응어리는 부부사이, 부모자식, 형제 등의 가까운 사이에서 더 굳게 맺힙니다.

우리는 마음에 맺힌 응어리를 풀어야 합니다. 마음에 맺힌 응어리가 모두 풀어지면 그대로가 극락이요 그대로가 부처요 해탈의 삶이지만, 마음에 응어리를 품게 되면 살아서나 죽어서나 큰 문제를 만들어냅니다.

특히 죽고 난 다음에는 그 응어리 때문에 귀신이 되

어 사랑했던 사람들을 한없이 고통스럽게 합니다. 몸뚱이가 있을 때는 내 자식, 내 남편, 내 아내였지만, 몸뚱이를 떠나면 살아생전 마음에 콕 맺힌 응어리를 풀기 위해 그 당사자를 찾아가 부딪히게 됩니다. 그때가 되면 그토록 사랑하였던 부모자식도 없고 부부사이도 찾아볼 수 없습니다. 오직 응어리만이 남아 독기를 뿜어낼 뿐입니다.

약 20년 전, 나의 생질의 남편되는 생질서 원태에게 있었던 일입니다. 그는 아들 다섯, 딸 둘의 7남매를 둔 집안에서 넷째 아들로 태어났습니다. 아버지는 복이 있고 덕이 있는 분이어서 온 마을 사람들의 존경을 받았고, 7남매인 아들 딸과 사위 며느리 어느 누구도 아버지의 말씀을 거스르거나 '못합니다, 싫어요, 안됩니다' 라는 반항 한마디 없이 순탄하게 살았습니다.

아들 셋도 남부럽지 않게 살았습니다. 맏아들은 수만 평이나 되는 과수원을 경영하였고, 둘째 아들은 종업원 150명을 둔 공장의 사장이었으며, 셋째 아들은 서울에서 20명 가량의 직원을 둔 큰 슈퍼마켓을 하였습니다.

그런데 아버지가 돌아가시자 집안이 요동을 치기 시작했습니다. 어머니가 '내 자식' 조차도 포섭할 복이 없었기에, 어느 자식도 말을 들으려 하지 않았던 것입니다. 더욱이 어머니는 주책이 심하여 시어머니의 권위를 내세우며 며느리들을 자주 나무랐습니다.

아버지가 돌아가신 후 어머니는 맏아들과 살았는데, 날이 갈수록 맏며느리와 자주 부딪혔고, 마침내는 맏아들과 등을 돌리게 되었습니다. 어머니는 욕을 하며 큰아들의 집을 나왔습니다.

"맏이라는 놈이 어머니는 팽개치고 마누라 편만 들다니! 이놈, 나에게 아들이 너 하나 밖에 없느냐? 이제부터 너는 내 자식도 아니다."

둘째 아들의 집으로 거처를 옮긴 어머니는 또 다시 둘째 며느리와 부딪히면서 둘째 아들과 등을 돌렸으며, 셋째 아들집에서 또한 셋째 며느리와 부딪히면서 셋째 아들과 등을 돌렸습니다.

결국 어머니는 넷째 아들인 원태의 집을 찾았습니다. 어머니가 무엇을 어떻게 하든 "안됩니다, 못합니다"라는 말을 하지 않고, "예. 해보겠습니다. 그렇게 하지요."라고만 하는 착한 넷째 아들만은 자신의 마음을 아프게 하지 않을 것으로 여겼던 것입니다.

그 당시, 넷째 아들 원태의 사정은 매우 좋지 않았습니다. 아버지가 돌아가신 후 B형 간염에 걸려 3년 동안 서울의 신촌세브란스병원에 입원하여 치료를 받았습니다. 그동안 직장을 다니며 저금했던 돈은 물론, 전세금까지 모두 날렸습니다. 3년 만에 간염을 고치고 바깥 세상으로 나왔지만, 기운이 없어 일을 제대로 할 수도 없었습니다.

집도 돈도 기운도 없는 원태로서는 살아갈 길이 막막하였습니다. 그때 나는 김천 변두리의 외딴집 하나를 인연 있는 이로부터 빌려 원태 내외를 불렀습니다.

"병 뒤의 회복을 위해 여기 와서 쉬면서 앞으로의 계획도 세우도록 하여라."

그 집에서조차 빈털터리인 원태는 살기가 어려웠습니다. 하지만 돈 많은 위의 세 형님은 조금도 돌보아 주지를 않았습니다. 오직 비구니가 된 바로 위의 누나만이 불쌍한 동생을 자주 찾았고, 올 때마다 쌀이나 반찬, 약 등을 사다주었습니다. 그것도 신도들이 옷 해입으라고 준 돈이나 여비에 쓰라고 준 돈을 꽁꽁 모아두었다가….

그런데 바로 이러한 원태의 집에 어머니가 온 것입니다. 자기 소유의 집에 사는 것도 아니요 아무것도 할 수 없는 그 넷째 아들의 집에 노인이 의지하여 사는 것이었습니다. 어머니는 이러한 아들 곁에 살면서 늘 생각했습니다.

"아이고, 저 착한 것이 아프다고 하는데. 내가 만져 줘야 할 건데…. 저 어질고 착한 것이 아프다는데, 내가 만져줘야지…."

바로 이것이 문제였습니다. 이것이 재앙의 원인이 된다는 것을 알지 못했습니다. 얼마 뒤 어머니는 외딴집에서 넷째 아들이 지켜보는 가운데 숨을 거두었고, 가족들은 초상을 치렀습니다.

초상을 치른 지 7일째 되는 날부터 밤만 되면 원태는 칼로 오장육부를 찢는 것과 같은 고통 속에서 앉지도 눕지도 못하고, 두 손과 두 무릎으로 방바닥을 기어다니며 벌벌벌벌 떨었습니다.

더욱이 그 병은 참으로 이상하게 발작을 하였습니다. 낮에는 별로 아프지 않다가 초저녁부터 새벽까지의 밤에는 말할 수 없이 고통스러웠고, 그것도 1시간에 30분 정도씩, 곧 저녁 7시 15분전부터 7시 15분까지 머리가 아프고 오장육부가 아파 온 방을 기어다니다가 30분 가량은 수그러들고, 다시 8시 15분전부터 8시 15분까지는 발작하고 또 수그러지는 등, 밤이 새도록 시간대마다 30분 가량의 극심한 고통이 찾아오는 것이었습니다. 그러다가 날이 새면 파김치가 되어 곯아 떨어졌습니다.

그때 나의 생질녀인 원태의 아내는 초등학교 3학년인 외동딸과 함께 서울에 있었습니다. 우유배달원, 야구르트판매원, 집집마다 시험지를 돌리는 일을 하며 아이 공부시키고, 남편의 양식이라도 벌고자 한 것입니다.

남편에게는 2주일에 한번씩, 그것도 아이 때문에 아침 버스로 내려왔다가 저녁 버스로 올라갔으므로, 남편이 밤새도록 겪는 고통을 직접 보지 못하였습니다. 시어머니의 49재를 경주 흥륜사에서 올렸지만 6재까지는 참여하지 못하였고, 마지막 재에는 가야겠기에 동생을 데려다 놓고 딸아이에게 말했습니다.

"오늘 저녁에는 이모하고 자거라. 엄마는 할머니 49재에 갔다가 아버지께 가서 우리가 앞으로 어떻게 살아야할 지에 대해 이야기를 하고 내일 올라올께."

마침내 경주로 가서 49재를 모시고 김천의 외딴집에 온 그 날 밤, 생질녀는 밤새도록 두 손과 두 무릎으로 기면서 고통스러워하는 남편의 모습을 보게 된 것입니다.

"언제부터 이랬습니까?"

"어머니가 돌아가시고 7일후부터 그렇소."

"진작에 말씀하셨어야지요?"

"말해봐야 대책이 있겠소? 괜찮겠지, 괜찮겠지 하면서 오늘까지 오게 된 것이오."

생질녀는 비구니스님인 손위 시누이를 찾아가 상의했습니다.

"어머니가 돌아가시고 7일 후부터 시작된 진통이 49재를 마친 지금까지 계속되고 있습니다. 어떻게 해야 할까요?"

시누이인 비구니도 잘 알 수가 없어 어디 가서 물어보자, '7일 동안 기도를 해주고, 산소에 가서 시식(施食)을 해주면 괜찮겠다' 는 것이었습니다. 그리하여 시누이 스님은 다른 비구니 스님 한 분과 함께 7일 동안 열심히 기도를 하고 산소가 있는 성주로 갔습니다. 그날 밤 피곤에 지친 두 스님은 잠에 떨어졌는데, 함께 기도를 한 비구니 스님이 꿈을 꾸었습니다.

하얀 옷을 입은 할머니가 아들의 방문 앞에 서서 이름을 부르며 애절히 호소하는 것이었습니다.

"원태야, 원태야. 방문을 열어라. 내가 너를 만져주려고 하는데, 왜 방문을 걸어놓고 못 들어오게 하느냐? 네가 정히 문을 걸어놓고 못 들어오게 하겠다면 하는 수가 없다. 나는 문턱 밑을 파고 구들 밑을 파고 들어가서라도 너를 만져주어야 한다."

말이 끝나기가 무섭게 할머니는 맨 손으로 문턱 밑을 파기 시작하였습니다. 얼마 지나지 않아 열 손가락이 터져 피가 흐르는데도 할머니는 이를 악물고 파란 독기를 뿜어내며 계속 문턱 밑을 파내려갔습니다. 그 모습이 얼마나 무서웠던지 비구니 스님은 한밤중에 집안의 모든 사람을 깨워 이야기를 하였습니다.

"할머니는 아직도 떠나지 않으셨습니다. 아들이 그 집에 있으면 계속 해를 입을 것이니 당장 떠나도록 하고, 죽은 할머니에 대한 대책은 따로 세우도록 합시다."

그 말에 따라, 날이 새기가 무섭게 생질녀와 생질서인 원태가 나를 찾아와 방법을 물었습니다.

"너희 부부는 어떤 일이 있어도 하루에 천수다라니 21편, 금강경 1편을 꼭 읽도록 하여라. 하루라도 그냥 넘어가서는 절대로 안 된다."

그 뒤 생질서 원태는 고통을 겪지 않아도 되었고, 그들 내외는 꿈에서도 어머니의 모습을 보지 않게 되었습니다. 그런데 원태의 손위 형님이나 형수들의 꿈에는 어머니가 자주 나타나 말했습니다.

"원태 내외가 왜 방문을 걸어놓고 나를 못 들어오게 하는지 모르겠다. 너희들이 원태를 만나거든 방문을 열어 내가 들어갈 수 있도록 하라고 일러라. 그것들 내외간은 왜 문을 걸어놓고 나를 못 들어오게 하는지 모르겠어."

많은 것은 아니지만 꾸준한 기도의 힘에 의해 어머니가 접근을 못하고 꿈에도 나타나지 않게 된 것입니다. 그리고 1년 가까이 지났을 때 가족들의 꿈에도 어머니는 다시 나타나지 않았습니다.

ꕤ

실제로 있었던 이 이야기를 통하여 우리들 각자는 무엇을 느끼게 됩니까? 49재를 끝마쳐도 천도가 되지 않는 영가들이 많다는 것, 경을 읽거나 다라니를 외우는 힘으로 영가의 해함을 능히 극복할 수 있다는 것을 알 수 있었을 것입니다.

그러나 무엇보다도 중요한 것은 마음 속의 응어리가 그토록 무섭다는 것입니다.

'아이고, 내가 죽어도 저것을 보살펴 주어야 할 텐데…. 내가 저것들을 도와주어야 할 텐데….'

원태의 어머니는 이 생각을 품고 죽었지만, 막상 죽고 나자 정반대의 현상이 벌어졌습니다. 가장 사랑하는 아들이요 죽어서도 잘해주고자 했던 아들인데도, 어머니는 엉뚱한 고통을 주었습니다. 귀신이 되어 아픈 아들을 만져준 것이 반대로 극심한 고통을 안겨준 것입니다.

왜 이렇게 되었을까요? 이 어머니가 평소에 도를 닦고 복과 덕을 쌓은 분이라면 물론 이와 같은 부작용이 생겨나지 않았을 것입니다. 그런데 그 어머니는 남편을 여읜 후, 위의 세 아들과 며느리에 대한 원망과 괘씸함으로 나날을 지새우다가 착하기 그지없는 넷째 아들에게로 왔습니다. 그러나 이미 어머니의 마음은 자식들에 대한 응어리, 독기로 가득차 있었습니다.

바로 이것입니다. 응어리를 가득 품고 독기를 지닌

채 죽은 어머니! 그 독기가 어디로 갑니까? 고스란히 아들에게로 갈 수밖에 없었던 것입니다.

실로 우리는 한평생을 살면서 무수히 성질을 부립니다. 특히 사랑하는 가족에게는 '사랑하므로 괜찮다' 고 하면서 걸핏하면 짜증을 내고 신경질을 부리며 살아갑니다. 남은 어떻게 되어도 무시할 수 있지만, '나' 의 남편이나 아내, 자식에 대해서는 '내 가족' 이라는 생각에 얽매어 못마땅하면 그냥 넘기지를 못합니다.

하지만 화·짜증·신경질을 부리면 그 독기가 마음속에 남게 되고, 그 독기는 다시 '나' 와 '나' 의 가족에게로 돌아갑니다. 독기를 품은 손으로 하는 음식, 독기를 내뿜으며 하는 청소와 빨래…. 정녕 내가 가족에게 주는 것은 독입니까? 사랑입니까? 스스로 쌓은 독기가 '나' 의 손과 행동을 통하여 음식이며 빨래며 공기 속으로 들어가니, 이것이 가족에 대한 봉사요 가족을 위한 것입니까? 결국은 가족을 죽이는 것입니다.

참회 속에서 열리는 극락

우리는 부모와 자식, 부부, 형제 사이에서 쌓이는 응어리가 '나'의 손과 발과 혀들을 통하여 독기를 품어내게 된다는 것을 생각하며 살아야 합니다. 부처님의 지혜나 복을 기대하기 전에 이것부터 생각할 줄 알아야 합니다. 과연 '나'는 부모로서 자식을 포섭할 복을 가지고 있습니까? 자식을 훌륭하게 키울 수 있는 지혜를 가지고 있습니까? 부모라는 이름으로 덮어놓고 '내 자식이니까' 하는 마구잡이식의 부모는 아닙니까?

실로 '부모자식'이라는 이름 아래에서는 아무것도 없는 것 같지만, 열 달 동안 뱃속에 두었을 때, 또 젖꼭지를 물리던 시절에 낸 짜증과 신경질과 화, 크면서 말을 듣지 않는다고 낸 얄미운 감정, 나이가 들어 제멋대로 한다고 낸 괘씸한 감정 등이 부모자식 사이의 무서운 응어리가 되는데도 우리는 이를 뒤돌아보지 못하고 살아갑니다. 부부사이, 형제사이라고 하여 다른 것이 있습니까? 모두가 마찬가지입니다.

정녕 '나'는 이렇게 고약한 존재입니다. '나다', '나다', '나다' 하는 바로 그 '나'에 사로잡혀 갖가지 독을 품고 사는 존재가 '나'라는 것을 되돌아보면서 업장참회를 해야 합니다. 되돌아보아 잘못한 것이 있으면 참회를 하여 응어리를 풀어야 합니다.

부디 '나'의 가족을 가볍게 생각하지 마십시오. '나'의 가족은 무서운 인연입니다. 부디 가족은 함부로 해도 된다는 착각에서 깨어나십시오. 차라리 남은 용서할지언정 '나'의 가족은 용서를 못하는 것이 우리가 아닙니까?

절에 다니는 '나'는 '나'의 가족을 얼마나 용서하고 '나'의 가족을 얼마나 포섭을 하며 살아가고 있습니까? 남은 용서해주면서 내 가족은 용서하지를 못하고 살지는 않습니까?

'나'의 가족을 용서하지 못하면서 부처님을 건너다보고 산다면, 아무리 절을 많이 한들 이루어지는 것이 없습니다. '나'라는 이름으로 착각을 하여 엉뚱한 짓을 하며 살면 어떠한 복도 온전히 찾아오지 않으며, 지혜 또한 우리 곁을 비켜갑니다.

우리가 정녕 참된 불자라면, 마땅히 자기 참회부터 먼저 해야 합니다.

① 세세생생 잘못한 것을 모두 참회합니다.
② 눈에 보이지 않는 영가들이시여, 좋은 나라로 가소서.
③ 살아계시는 내 가족들 모두 건강하시고, 모든 일 순탄하소서.

이 세 가지 축원은 매일매일 꼭 해야합니다. 특히 축원의 첫머리에, "세세생생 지은 업장을 모두 참회한다"고 하는 참회의 축원이 꼭 먼저 가도록 해야합니다.

결코 부처님의 가르침은 먼 곳에 있는 것이 아닙니다.

"나를 되돌아보아라. 나의 일상생활을 되돌아보면서, 내가 복의 씨앗을 뿌리고 있는지 재앙의 씨앗을 뿌리고 있는지를 생각하라"는 것입니다. 그리하여 잘못이 있으면 참회를 하라는 것입니다.

참회를 하면 응어리가 풀리고, 응어리가 풀리면 흐뭇함과 좋은 관계뿐이며, 좋고 좋은 사람들과 언제나 함께 하게 됩니다. 그리고 언제나 좋은 사람들과 함께 하는 그 자리가 바로 극락인 것입니다.

결코 지옥 같은 삶이 아니라 극락 같은 삶을 사십시오. 극락의 삶을 살 때 우리는 참된 불자, 장차 부처가 될 부처님 가문의 아들 딸로서 살아갈 수 있습니다. 부처님께 매달리고 기대하고 실망하는 '불교신자'가 아니라, 스스로를 돌아보며 한결같이 향상의 길로 나아가는 '불자'가 될 수 있습니다.

부디 참회 속에 극락의 삶이 있다는 것을 꼭 명심하시고, 응어리를 풀면서 한 걸음 한 걸음 극락을 향해 나아가시기를 축원드립니다.

나무마하반야바라밀.

V
평온과 지혜가 깃든 삶

지혜로 업을 다스리며

잘 사는 삶이란 무엇인가? 돈이 많다고 잘 사는 것인가? 큰 명예를 얻는다고 잘 사는 것인가? 권력을 휘두른다고 잘 사는 것인가?

아닙니다. 참으로 잘 사는 삶은 평온하면서도 지혜롭게 사는 삶입니다. 그럼 어떻게 살아야 평온하면서도 지혜로운 삶을 영위할 수 있는가? 그 방법은 사람에 따라 수도 없이 많을 수 있겠지만, 여기에서는 부처님 가르침 핵심인 **업**(業)·**불성**(佛性)·**기도**(祈禱)의 세 가지 주제로 압축시켜 이야기해 보고자 합니다.

첫번째 주제인 **업**(業). 이 업을 잘 다스리고 살면 누구나 평온하고 지혜로운 삶을 영위할 수 있습니다.

실로 우리의 인생살이는 업의 힘에 의해 전개됩니다.

각자가 지어놓은 업의 힘에 의해 갖가지 다른 삶을 살아가는 것입니다. 각자가 지은 업! 그렇습니다. 그 업은 과거에 내가 지었기 때문에 지금의 '나'에게 찾아오는 것입니다.

심어놓은 업이 괴로움의 종자였다면 괴로움의 열매가 되어 '나'를 찾아옵니다. 과거에 남의 마음을 상하게 하고 남의 돈을 함부로 하고 남의 육체를 괴롭혔다면, 언젠가는 '나'도 마음을 다치고 돈을 잃고 몸을 상하는 과보를 받게 되어 있습니다.

사랑의 종자를 심었으면 사랑의 열매가 홀연히 찾아오고, 보시를 많이 하였으면 저절로 부(富)를 누리게 되며, 인욕과 기쁨의 씨를 심었으면 마냥 즐겁고 행복하게 살아가게 됩니다.

아울러 그 업은 언제나 '나'와 함께 합니다. 좋은 업이든 나쁜 업이든 그 업의 과보가 다할 때까지 '나'에게 머물러 있습니다.

옛날 스님 한 분이 금강산에 조그마한 암자를 지어 도를 닦고 있었습니다. 어느 해 여름, 스님은 암자 주변에서 자란 풀을 낫으로 깎다가, 풀 속에 도사리고 있던 뱀의 목을 치게 되었습니다. 뱀이 있다는 사실을 전혀 모르고 저지른 일이었지만 스님은 뉘우쳤습니다.

'아, 내가 실수를 범하였구나. 정말 미안하다.'

그러나 이미 그 순간, 뱀의 목에서 파란 기운이 솟아올라 어디론가 날아가는 것이었습니다. 스님은 신통력으로 뱀의 영(靈)을 따라갔고, 뱀의 영은 고향마을 누이동생의 집으로 들어갔습니다. 원수인 스님의 조카가 되기 위해, 결혼한 지 오래 되었으나 자식이 없는 누이동생의 몸을 의탁한 것입니다.

'아, 원결이 결국 저렇게 맺히는구나. 가장 가까운 일가친척이 되어 목숨의 빚을 받겠다는 것이로다. 어떻게 하든지 이 원결을 풀어야지.'

스님은 금강산으로 돌아와 때를 기다렸습니다. 그리고 아이의 나이 일곱살이 되었을 때 누이동생의 집으로 찾아가 청했습니다.

"아들이 매우 총명하게 생겼구나. 내가 데려가 공부도 시키고 복도 쌓게 한 다음 집으로 돌려보내면 어떻겠느냐?"

부모의 허락을 얻어 조카를 금강산으로 데려온 스님

은 인의예지신(仁義禮智信)부터 시작하여 불교경전을 가르쳤고, 자비·보시 등의 이야기를 들려주며 음으로 양으로 보살폈습니다. 아이도 매우 영리하여 외삼촌인 스님의 가르침을 잘 받아들였고 착하기 그지없이 행동을 했습니다.

그런데 조카가 열여섯 살이 되자 눈매가 달라지기 시작하였고, 낮이 뱀의 목을 날린 7월 중순이 가까워오자 밤마다 독기를 품으며 숫돌에 칼을 가는 것이었습니다.

'이제 막바지에 이르렀구나. 며칠 후면 저 아이와 내가 부딪히리라.'

스님은 매우 주의를 하며 지내다가 '그날' 임을 느낀 날 저녁, 베개 여러 개로 잠자는 사람의 형상을 만든 다음 이불로 덮어두고 벽장 속에 숨어 지켜 보았습니다. 밤 10시가 되자 칼을 든 조카가 스님방으로 들어서더니 서슴없이, 온 힘을 다해 이불 위로 칼을 내리꽂았습니다. 이어 조카는 칼을 놓고 중얼거리기 시작했습니다.

"내가 내 손으로 외삼촌을 죽였다. 왜? 도대체 왜? 정성을 다해 나를 길러주셨고 지극히 사랑해 주셨고 모든 것을 가르쳐 주신 외삼촌을 죽였다. 왜? 무엇 때문에 외삼촌을 죽였는가? 나는 미친 놈이야, 미친 놈!"

그리고는 대성통곡을 하기 시작하는 것이었습니다. 숨어서 지켜보던 스님은 조카가 온 힘을 다해 칼로 찌른 순간, 맺힌 원결의 부딪힘이 완전히 풀어졌다는 것을 알고 벽장에서 나와 조카에게 말했습니다.

"애야, 울지 말아라."

자신의 손에 죽은 줄 알았던 외삼촌의 모습을 보며 크게 놀라고 당황해하는 조카를 진정시킨 스님은 실수로 뱀을 죽인 지난날의 이야기를 들려주었습니다. 그리고 그 인과관계로 조카가 오늘과 같은 행동을 하였다는 것도 깨우쳐 주었습니다.

"이제 너와 나 사이에 맺힌 원결은 모두 풀어졌다. 날이 밝으면 하산(下山)을 하여 부모님 모시고 네가 배운 것으로 세상을 복되게 가꾸며 살아라."

🙜

실수로 뱀을 죽인 금강산도인의 이야기…. 이 이야기는 우리에게 여러 가지를 깨우쳐 줍니다.

의도없이 저지른 업에도 과보는 찾아온다는 것, 원결은 오히려 가깝고 밀접한 인척 관계가 되어 서로 부딪히게 된다는 것, 업은 지혜로써 원만히 풀어야 한다는 것, 지은 바 업은 '나' 주위에서 다른 모습으로 함께 하다가 때가 되면 열매를 안겨 준다는 것 등입니다.

실로 내가 지은 바 업은 언제나 '나'와 함께 합니다. 좋은 업이든 나쁜 업이든 그 업의 과보가 다할 때까지 함께 합니다. 그렇다고 하여 그 업보가 언제까지나 '나'와 함께 하는 것은 아닙니다. 때가 되면 나가게끔 되어 있습니다.

나쁜 것이니 빨리 나가라고 하여도 떠나지 않습니다. 열매를 안겨 줄 때까지 머물다가, 다 갚은 다음 떠나갑니다. 올 것이 왔듯이 갈 때가 되면 나가게끔 되어 있는 것입니다.

'나'의 업을 따라 올 것이 왔다가 인연이 다하면 떠나가는 것! 이것이 인생입니다. 이것이 중생계(衆生界)의 삶입니다. 돈도 사랑도 명예도 권력도 모두가 그러합니다.

그러므로 우리는 업이 들어오고 머물고 나갈 때 지혜를 가미하며 살아야 합니다. 그럼 어떻게 하는 것이 지혜를 가미한 삶인가? 금강산도인처럼 업의 시작과 과정과 결과를 잘 관리하며 살면 될 것입니다.

그러나 우리는 지혜의 눈이 없고, 더욱이 현실의 삶에 쫓겨 심은 씨앗을 관리하며 살지를 못합니다. 마냥, 괴롭고 나쁜 업보가 닥쳤을 때라야 비로소 당황하며 극복할 방법을 찾습니다. 하지만 이 때도 늦은 것은 아닙니다. 오히려 바로 이 때가 맺힌 업을 풀고 향상된 삶의 길로 나아갈 수 있는 기회입니다.

그러므로 괴롭고 나쁜 일이 찾아들 때 생각을 바르게 가져 그 업보를 극복해야 합니다. '기꺼이 받겠다' 는 자세로 그 업을 맞이해야 합니다. 그래야만 업이 빨리 녹고 빨리 풀리기 때문입니다.

❀

옛날, 한 순간에 집안이 몰락하여 거지가 된 청년이 있었습니다. 전생의 어떠한 죄업 때문인지 이 거지는 박복하기 짝이 없었습니다. 보통 거지는 문전걸식을 하여 하루의 끼니를 얻기 마련인데, 이 거지가 동냥을 다니면 밥을 얻기는커녕 몽둥이 찜질을 당하거나 개에게 물리기 일쑤였습니다.

하는 수없이 그는 주린 배를 달래기 위해 남의 집 쓰레기 더미를 뒤져 먹을 것을 찾았습니다. 그렇게 기막

히고 비참하게 살아가던 어느 날, 자신의 운명에 염증을 느낀 그는 결심했습니다.

'나'의 운명은 어찌 이다지도 기구한가? 가장 밑바닥 인생인 거지로 전락하고서도 모자라, 밥 한 그릇 얻어 먹지 못하고 쓰레기로 연명해야 하다니…. 이렇게 사느니 차라리 죽는 것이 낫다.'

그는 마을 뒷산으로 가서 밧줄로 올가미를 만들어 소나무 가지에 묶었습니다. 그리고 올가미에 목을 매려는 순간, 갑자기 허공에서 호통소리가 들려 왔습니다.

"이놈! 너는 쓰레기 열 포대를 먹을 업을 지은 놈이다. 어찌 세 포대밖에 먹지 않고 죽으려 하느냐!"

아직 일곱 포대의 쓰레기를 더 먹어야 하니 죽을 수도 없다는 것이었습니다. 환청과도 같은 허공의 소리에 거지는 깨달음을 얻었습니다.

'그래, 어차피 열 포대의 쓰레기를 먹어야 할 운명이라면 빨리 찾아 먹자.'

그날부터 거지는 자신의 운명을 조금도 탓하지 않고, 열심히 남의 집 쓰레기 더미를 뒤져 먹을 것을 찾았습니다. 그런데 기적이 일어났습니다. 나머지 일곱 포대 중 한 포대 분을 채 찾아 먹기도 전에, 거지는 우연히 만난 귀인의 도움을 받아 전처럼 잘 살게 되었습니다.

'내가 받을 운명이라면 기꺼이 받겠다'는 자세가 쓰레기 한 포대도 찾아 먹기 전에 나머지 일곱 포대의 업을 녹여버린 것입니다.

☃

아무리 현실이 어렵고 괴롭더라도 '기꺼이 받겠다'는 마음가짐으로 극복해 나아가면 나쁜 업이 빨리 소멸됩니다. 반대로 '나는 괴로운 것이 싫어. 너를 받지 않을 거야' 하면서 도망을 치면 더 큰 업이 우리를 몰아칩니다. 작은 파도를 피하려다가 큰 파도에 휩싸이는 꼴이 되어버리는 것입니다.

우리가 다가오는 업을 '기꺼이 받겠다'는 자세로 살아가면 그 업이 오래지 않아 사라지고, 나쁜 업이 없어지면 자연히 복이 깃들며, 복이 깃들면 마음이 평온해지지 않을 수 없는 것입니다.

그러므로 꼭 명심하십시오. 내가 지은 업의 과보는 피하지 않고 기꺼이 받겠다는 것! 이것이 지혜롭게 사는 삶의 첫걸음이라는 것을….

모두가 부처님이 하는 일

지혜롭고 행복하게 살려면, '나'·'남' 할 것 없이 우리 모두가 **불성(佛性)**의 존재임을 자각해야 합니다.

일체중생 실유불성(一切衆生 悉有佛性). 부처님께서는 "모든 중생에게 불성이 있다"고 하셨습니다. 부처님이나 보살에게만 불성이 있는 것이 아니라 모든 중생에게 다 불성이 있다고 하셨습니다. '나'에게도 있고 내 부모, 내 형제, 나의 아들 딸, 친척, 이웃, 심지어는 벌레에게까지 불성이 있다고 하셨습니다.

실로 이 불성은 아이라고 하여 적게 있고 어른이라고 하여 많이 있는 것이 아닙니다. 중생보다 부처님께 많이 있고 축생보다 사람에게 많이 있는 것도 아닙니다. 높고 낮고 많고 적고 크고 작고에 관계없이 누구에게나 있고, 누구에게나 평등하게 있습니다. 중생 모두가 평등하게 가지고 있습니다. 그야말로 불성은 절대 무차별이요 절대 평등입니다.

누구나가 평등하게 지니고 있는 불성. 하지만 이 불성은 개발하지 않고 노력하지 않으면 결실을 보여주지 않습니다. 짐승이나 벌레가 그렇습니다. 발현을 위한 노력이 없기 때문에 불성이 묻혀진 채로 있습니다.

인간 또한 마찬가지입니다. 어느 인간이나 부처님께서 누리는 완벽한 행복과 자유와 청정을 간직하고 있는 불성을 지니고 있지만, 이 불성을 개발하려는 의지가 없고, 전진하고 향상하고 발전하려는 노력이 없으면 언제나 업(業)을 따라 흘러갈 뿐입니다. 부디 이 불성을 개발하십시오. 우리도 이 불성을 개발하면 부처님이 될 수 있습니다.

그러나 우리는 겉모습과 각박한 현실에 사로잡혀 불성을 망각한 채 살아갑니다. 불성이 있다는 사실을 망각하고 있기 때문에 남을 무시할 뿐 아니라 스스로까지 무시해 버립니다. 불성에 대한 확신이 없기 때문에 끊임없이 일어나는 이기심과 무상한 몸뚱이를 '나'로 삼아 끝없는 방황을 계속합니다.

'나'를 사랑하고 '나'만은 잘 되어야 한다고 생각하는 우리. 우리는 욕심과 감정에 이끌려 이기심과 자존심을 한껏 키우며 살아갑니다. 그리고 끝없는 이기심과 자존심으로 남을 무시하며 살아갑니다.

심지어는 같은 피를 나눈 형제끼리 손해를 보지 않겠다며 아귀다툼을 하고, 진실로 존경 속에서 살아가야 할 부부끼리도 목소리를 높이고 무시하며 살아갑니다. 부모를, 자식을 내다버리고 사람의 목숨이 파리의 목숨인양 곳곳에서 칼부림이 벌어지고, 강간·강도·사기 사건들이 일어납니다.

무엇 때문입니까? 모두가 불성을 잊고 살기 때문입니다. '나' 자신이 위대하고 거룩한 불성을 지니고 있다는 것을 믿지 않고 있기 때문이요, '나' 뿐만이 아니라 모든 중생이 불성을 지닌 거룩한 존재라는 사실을 망각하고 살고 있기 때문입니다.

정녕 우리가 불성을 주춧돌로 삼고 산다면 남을 무시하겠습니까? 내가 거룩한데 어찌 남을 해칠 것이며, 남이 거룩한데 어찌 존경하지 않겠습니까?

그러므로 무엇보다도 먼저 우리들 자신이 지니고 있는 거룩하고 위대한 불성을 믿어야 합니다. 동시에 우리의 부모 · 형제 · 부부 · 자식, 나아가 이 세상의 모든 사람들이 불성을 지닌 거룩한 분이요 위대한 분이라는 것을 깨달아야 합니다. 장차 부처가 될 그 모든 분들을 존경하고 섬길 줄 알아야 합니다.

일본의 유명한 불교학자인 기노가도요시 박사는 한때 각 지역을 돌아다니며 불자들의 신심이 어떠한가를 살펴보았습니다. 그러다가 북부의 호쿠리쿠〔北陸〕에 이르러 염불시종(念佛時宗)의 한 사찰을 방문하게 되었습니다. 그 절에는 대처승이지만 대학교수요 박사요 일본에서 손꼽히는 화가이신 노스님 한 분이 계셨습니다.

그가 찾아간 그날, 그 절의 신자들과 스님이 대화를 나누고 있었는데, 마침 한 할머니가 질문을 던졌습니다.

"스님, 이해가 된다는 말과 구제를 받는다는 말은 어떻게 다릅니까?"

"이해가 된다는 것 자체가 벌써 구제를 받은 것이지요."

스님의 말뜻을 이해하지 못한 할머니가 반박을 했습니다.

"스님처럼 거룩하신 분이라면 몰라도, 우리 같은 범부중생이 이해하는 그 자체로 구제를 받았다고 생각하겠습니까?"

그러자 노스님은 한쪽 옆에 앉아 있는 자신의 아내를 가리키며 말했습니다.

"이 사람은 나의 팬티를 하루에 두 번 이상 빨래합니다."

"예?"

"나이가 많은 나는 대소변이 나오는 것도 미처 깨닫지 못할 때가 많습니다. 그 때문에 아내가 하루에도 몇 번씩 대소변이 묻은 나의 옷을 씻습니다. 이러한 내가 무엇이 거룩합니까?"

그 말을 들은 대중이 숙연하게 있자 노스님께서 말씀하셨습니다.

"모두가 부처님이 하는 일이지. 똥을 싸는 나도 부처님이요, 나의 팬티를 하루에 두 번 세 번 씻는 저 사람도 부처님이야. 이곳은 부처님의 세상이야. 부처님들끼리 사는 세상이지."

기노가도요시 박사는 이 말씀을 듣고 크게 감복하여, 훗날 그의 저서에 이 이야기를 남기고 감상을 붙였습니다.

"노스님이 그토록 거룩한 신심으로 사는지는 미처 몰랐었다. 노스님은 좋다 나쁘다고 분별하는 중생계에서 사시는 것이 아니라, 모든 것을 부처님 세상에서 부처님들이 하시는 것으로 그대로 받아들이시고 실천하는 분이셨다."

8

모두가 부처님이 하는 일….

예로부터 불교에서는 부모가 바로 부처님이요 형제가 바로 부처님이요 내 남편, 내 아내가 부처님이요 아들딸이 부처님이라는 가르침을 많이 내리고 있습니다. 나아가 일체 중생이 그대로 부처님이라고까지 하셨습니다.

그런데 우리들은 어떠합니까? 우리의 부모, 남편과 아내, 우리의 아들딸을 부처님처럼 대하고 있습니까? 정녕 우리가 참다운 불자라면 우리의 아들딸, 남편과 아내, 부모형제를 부처로 볼 수 있어야 합니다. 그리고 거룩한 그 분들을 잘 받들고, 그 분들을 향해 절을 하면서 그 분들이 불성을 개발하여 부처가 되기를 축원할 수 있어야 합니다.

실로 우리가 '나'의 머리를 숙이고 주위의 사람들을 부처님처럼 대한다면 모든 문제는 저절로 녹아내립니다.

모두가 부처님이 하는 일….

부디 모든 사람을 부처님처럼 생각하십시오. 그리고 부처님처럼 대하십시오. 물론 처음에는 쉽게 되지 않을 것입니다. 하지만 불성의 주춧돌 위에 서서 꾸준히 '나'를 닦아가다 보면 능히 모든 사람을 부처님보듯 할 수가 있습니다. 그때가 되면 행복이 급속도로 다가오고 지혜의 눈이 홀연히 열리게 됩니다. 꼭 명심하여 불성의 주춧돌 위에서 우리 모두의 부처를 발현시키고, 부처님 세상에서 살 수 있도록 합시다.

기도하며 지성껏 살아라

'나'의 업을 기꺼이 받겠다는 자세로 살고, 남을 부처님 대하듯 사는 것! 이것이야말로 행복을 이끌어내는 지름길이요 지혜롭게 사는 첩경입니다.

하지만 이렇게 사는 것이 용이하지 않습니다. 우리가 '나'에 사로잡혀 사는 중생이기 때문에 용이하지만은 않습니다. 어찌 보면 이렇게 사는 것이 참으로 어렵습니다. 그럼 어떻게 해야 하는가? 잘 살기를 포기하고 흘러가는 대로 살아야 하는가?

아닙니다. 바로 그때 필요한 것이 **기도(祈禱)**입니다. 마음을 잘 모아 기도를 하며 지성껏 살아야 합니다. 왜 기도를 하라고 하는가? 무엇보다도 기도가 '나'의 중심을 잡아주기 때문입니다. 번뇌를 따라, 이기심을 따라 흘러다니는 '나'를 바로잡아 안정된 자리에 있게 하기 때문입니다.

실로 우리가 어려움에 처하거나 방황을 할 때 기도를 하겠다고 결심을 하면, 결심을 한 그 자체만으로도 중심이 잡히기 시작합니다. 마치 의존할 데 없이 두려움에 떨면서 방황하던 이가, 자신을 잡아주고 구해 줄 존재가 옆에 있다고 확신을 하는 것만으로도 두려움이 줄어들고 안정을 되찾기 시작하는 것과 같습니다.

그러므로 기도를 시작하면 흔들림없는 신심을 지니고 해야 합니다. 신심(信心)의 주춧돌. 주춧돌이 흔들리면 행복의 법당을 지을 수가 없습니다. 신심의 주춧돌이 올바로 놓여 있지 않으면 기도성취가 요원해집니다.

흔들리지 않는 신심의 주춧돌! 정녕 흔들림없는 신심으로 지성껏 기도하면 소원을 성취하지 못할 까닭이 없고, 행복의 법당을 짓지 못할 까닭이 없습니다.

대구 약전골목에 가면 대남한의원이 있습니다. 대남한의원은 대한불교조계종 경북신도회 회장을 지낸 여동명 거사가 경영했던 한의원으로, 여동명 거사의 생존시에는 전국적으로 이름을 날렸습니다. 그런데 이 여동명 거사의 뒤에는 어머니의 큰사랑이 숨어 있었습니다.

일찍이 남편을 여읜 어머니는 외아들 여동명을 한의사로 만들 작정을 했습니다. 그녀는 아들을 대학에 보내지 않고 한약방(당시에는 한의원이 없고 한약방만 있었음) 종업원으로 보내 한의학을 익히게 했습니다. 첫 한약방에서 더 배울 것이 없게 되었을 때 어머니는 다른 한약방으로 아들을 보내 의술을 익히게 하였으며, 그곳에서 배울 만큼 배운 다음 또다른 한약방으로 보내었습니다.

"이제 독립을 하여 한약방을 차려도 되겠다."

세 번째 한약방의 스승이 아들의 의술을 인정하자 어머니는 아들을 개업시켰습니다. 그러나 충청도 연기군의 조그마한 마을에서 낸 한약방은 생계를 유지하는 것조차 힘들 정도로 잘 되지가 않았습니다.

그때 어머니는 백일기도를 시작했습니다. 남들이 모두 자는 한밤중에 일어나 차가운 물로 목욕을 한 다음, 우물물을 떠서 집 뒷뜰의 판판한 돌 위에 놓고 아들 잘

되기를 기도했습니다. 매일매일 일정한 시간에 목욕재계하고 정성껏 기도를 했습니다.

그러던 어느날, 정화수를 떠서 뒷뜰로 가는데 물사발이 손에 붙는 듯 하였습니다. 깜짝 놀란 그녀는 순간적으로 그릇을 놓았는데, 사발이 손가락에서 떨어지지 않는 것이었습니다. 더욱 놀라운 것은 사발을 잡은 자리에 손가락 자욱이 나서 푹 파여 있는 것이었습니다.

그날 이후 그녀는 손가락이 딱 붙었던 그 자리만 잡고 정안수를 떠서 기도를 올렸으며, 마침내 백일기도가 끝났을 때 계시가 있었습니다.

"아들을 데리고 남쪽으로 가서 큰 '대(大)' 자가 든 고을에 머물러라. 그곳에 가면 너의 아들이 성공하리라."

아들과 함께 고향인 연기군을 떠난 어머니는 대전을 거쳐 대구(大邱)로 왔고, 그 대구에서 아들 여동명 거사는 크게 성공을 거두었습니다.

대구로 내려온 뒤, 여동명 거사의 어머니는 반월당에 있는 보현사에 다녔습니다. 이 절 저 절을 다니지 않고 보현사만 다녔습니다. 그 당시 나는 가끔씩 보현사에 가서 법문을 하였습니다.

할머니는 절에 와서도 사람들과 대화를 나누거나 잡담을 하지 않고, 법당으로 생긋 웃으며 들어와서 뒷자리에 앉아 법문을 듣거나 조용히 있다가 생긋 웃으며 돌아갔습니다. 미소로써 '저 왔습니다. 잘 계셨어요?', '먼저 갑니다. 뒤에 오세요' 라는 인사를 대신하였던 것입니다.

그리고 언제나 홀로 '나무아미타불'을 염하시다가 임종을 일주일 앞두고 말문을 닫았습니다. 다만 가족들에게 스님을 모시고 오라고만 하셨습니다. 가족들은 보현사 주지스님을 모셨습니다.

"아니다."

가족들은 할머니와 인연이 있는 여러 스님들을 차례로 모셨습니다.

"아니다."

마지막으로 내가 할머니 곁에 갔습니다. 할머니는 고개를 끄덕였고, 나는 단주를 돌리며 할머니 곁에서 이틀 밤을 보내었습니다. 그런데 비몽사몽 간에 할머니 집 대문 쪽으로 꽃가마가 다가오는 것이었습니다.

스무살 전후의 아름다운 아가씨 20여 명이 깨끗하면

서도 화려한 꽃가마를 들고 와서 집앞에 놓고는, 할머니를 모시고 나가 꽃가마에 태워나가는 것이었습니다. 그리고 아름다운 풍경소리가 끊임없이 이어지고….

　순간, 눈을 떠보니 손 안의 단주는 계속 돌아가고 있었고, 할머니는 숨을 거두는 것 같았습니다. 나는 가족들을 불러 '나무아미타불' 염불을 시켰습니다. 울지 말고 염불을 하도록 했습니다. 30분 가량 침착하게 '나무아미타불'을 부르던 가족들의 염불소리는 차츰 울음소리로 바뀌었고, 마침내는 울음바다가 되었습니다. 그때 나는 말했습니다.

　"할머니는 절대로 나쁜 데 안 가셨다. 틀림없이 좋은 데 가셨다."

　그때가 벌써 40여 년 전의 일입니다.

　그런데 지혜가 뛰어난 신라 제27대 선덕여왕이 ①모란꽃에는 향기가 없음 ②적군이 몰래 침략한 사실을 알고 섬멸함 ③죽을 날을 알고 묻힐 곳을 지정한 세 가지 예언을 남겼듯이, 여동명 거사의 어머니도 사후에 특별한 이적을 남겼습니다.

첫째가 산소입니다.

여동명 거사는 대구 불로동에 태국식 절을 창건했습니다. 그리고 그 절 담밖의 2백평 가량되는 밭을 어머니 산소터로 점을 찍었습니다. 어머니가 살아계실 때 터를 사서 어머니께 확인을 시키고 싶었던 거사는 밭주인에게 땅을 팔 것을 제안했습니다. 그러나 밭주인은 거절했습니다. 시세의 몇 갑절을 준다고 하여도, 더 좋은 밭 2천평과 바꾸자고 하여도 거절을 했습니다.

결국 어머니가 말문을 닫기 직전에 여쭈었습니다.

"어머니, 돌아가신 다음 어디에다 모실까요?"

"내가 숨지면 산소터가 생긴다."

참으로 묘하게도, 어머니가 밤중에 숨을 거두었는데 첫 새벽에 그토록 땅을 팔지 않겠다든 밭주인이 뛰어와 '제발 밭을 사달라'는 것이었습니다.

둘째는 49재 때의 일입니다.

어머니가 돌아가시기 전에 여동명 거사는 물었습니다.

"어머니 49재는 어디 가서 모실까요?"

"오대산에 가면 복 지을 일이 있다."

여동명 거사가 49재를 지내러 오대산 상원사로 갔습

니다. 그런데 바로 그때가 방한암스님께서 거처하셨던 상원사의 요사채가 완전히 타버리고 난 직후였습니다. 거사는 어머니께서 예언한 '복 지을 일'이 요사채 중건임을 깨닫고 불사를 하였습니다.

셋째는 집에 불이 났을 때의 일입니다.

여동명 거사는 어머니가 돌아가신 후에도 몇 년 동안 집에 위패를 모셔두고 있었습니다. 어느날 나무로 지은 그 집에 불이 나, 집이며 가재도구며 깡그리 타버렸는데, 종이로 만든 어머니의 위패는 불에 타지 않았을 뿐더러 불에 눋지 조차 않았습니다.

꽃

여동명 거사의 어머니는 아들을 성공시켰고, 평온한 말년을 보내다가 좋은 세상으로 갔으며, 죽어서까지 기적을 남겼습니다. 과연 이것이 무엇의 힘인가? 바로 기도의 힘입니다. 어떤 기도의 힘인가? 지극한 마음으로 기도한 힘입니다.

결코 잊지 마십시오. 누구라도 지극히만 하면, 영험은 언제나 나타나게 되어 있습니다. 흔들림없는 신심으로 지성껏 기도하면 소원도 성취하고, 현재의 행복도 미래의 행복도 보장됩니다. 뿐만이 아닙니다. 여동명 거사의 어머니처럼 무한한 지혜까지 샘솟게 됩니다.

갖가지 얽힌 인연과 업보 때문에 고통 받는 이 사바세계에서 잘 살기를 바란다면 정성껏 기도해 보십시오. 이 기도 속에 평온과 행복과 지혜의 길이 있습니다.

만약 이제까지 정성껏 기도하지 못하였다면 지금부터라도 좋습니다. 다시 마음을 가다듬고 기도하십시오. 정성껏 한다는 것은 기도 중의 어려움, 게으른 생각 등과 타협하지 않고 마음을 하나로 모아간다는 것입니다.

그리고 아주 특별한 경우에 처하여 기적같은 성취를 바란다면 피를 토하고 뼈를 깎는 자세로 기도에 임하십시오, 그렇게 하면 반드시 기도의 원이 이루어집니다.

부디 믿음의 주추돌을 견고히 놓아, 일어나는 번뇌를 좇아가지 말고 정성껏 기도하십시오. 기도하는 시간의 길고 짧음보다, 절을 하는 횟수의 많고 적음보다, 마음을 잘 모아 염불(念佛)을 하거나 정성을 다해 한배 한배 절을 올리는 것이 중요합니다.

잘 안될지라도 열심히 하십시오. 처음부터 일념을 이

룰 수 있는 사람도 흔치 않고, 기도하는 시간 내내 마음을 잘 모을 수 있는 사람도 드뭅니다. 그리고 여러 날 기도를 하다보면 기도에 대한 회의도 일어날 수 있습니다.

그렇지만 이 모든 것을 극복하고 기도해야 합니다. 물러서지 말고 포기하지 말고 억지로라도 하십시오. '나' 스스로 '나'를 격려하면서 꾸준히 나아가면 능히 극복할 수 있습니다, 정성을 다해 꾸준히 나아가면 차츰 익숙해지고, 머지않아 일념의 차원을 이루어 원을 성취하고 지혜롭게 살 수 있게 된다는 것을 명심하시기 바랍니다.

※

지금까지 우리는 업·불성·기도의 세 가지 주제를 통하여 평온과 행복과 지혜를 이루는 법을 함께 살펴보았습니다. 내가 지은 업을 기꺼이 받겠다는 자세로 살아가고, 불성을 지닌 모든 사람을 부처님처럼 대하며, 정성을 다한 기도로써 고난을 극복하여 해탈의 삶을 이루어가자는 이야기를 하였습니다.

불자들이여. '나'의 평화, '나'의 행복, '나'의 지혜는 '나' 스스로가 개발해야 하는 것입니다. 이것은 그 누구도 가져다 주지 않습니다. 정녕 그러할진대, 우리는 어떻게 살아야하겠습니까?

나무마하반야바라밀.

기도 및 영가천도의 지침서

광명진언 기도법 / 일타스님·김현준   신국판 176쪽 5,000원
광명진언 속에 새겨진 참의미와 바른 기도법, 빠른 기도성취법 등을 자상하게 설하고, 유형별 기도성취 경험담을 다양하게 수록하였습니다. 광명진언을 외우면 행복과 평화, 영가천도, 소원성취를 이룰 수 있습니다.

생활 속의 기도법 / 일타스님   신국판 160쪽 5,000원
불교계 최대의 베스트셀러! 일상생활에서 누구나 처할 수 있는 여러 가지 상황에 따른 구체적인 기도방법에서부터 특별기도성취법·영가천도기도법·기도할 때 지녀야 할 마음가짐까지, 자상한 문체로 예화를 섞어 쉽고 재미있게 엮었습니다.

기도 / 일타스님   신국판 240쪽 7,000원
총 6장 52편의 다양한 기도 영험담으로 엮어진 이 책을 읽다보면 기도를 통해 틀림없이 부처님의 가피를 입을 수 있음을 확신할 수 있게 되고, 올바른 기도법과 함께 기도성취의 지름길을 알 수 있게 됩니다.

관음신앙·관음기도법 / 김현준   신국판 240쪽 7,000원
관세음보살의 구원 능력, 주요 경전 속의 관음관, 11면관음·천수관음·32응신·33관음 등 자비관음의 여러 가지 모습, 일심칭명 일념염불의 관음기도법, 독경사경 기도법, 다라니 염송 기도법 등을 자세하고도 알기 쉽게 풀이하였습니다.

지장신앙·지장기도법 / 김현준   신국판 188쪽 6,000원
지장신앙 속에는 영가천도뿐만이 아니라 현세에서의 행복과 깨달음, 성불의 비결까지 간직되어 있습니다. 이러한 지장신앙의 여러 측면과 함께 생활 속에서 할 수 있는 지장기도법을 자세히 밝혀놓았습니다.

불교의 자녀사랑 기도법 / 김현준   신국판 160쪽 5,000원
가장 가깝고 가장 사랑하는 자녀들을 정말 잘 사랑할 수 있는 방법을 부처님의 가르침에 의지하여 정립하고 생활화한 책입니다. 특히 이 책속의 기도법은 자녀의 향상과 발전과 원성취를 이루게 하는 묘법이라 아니할 수 없습니다.

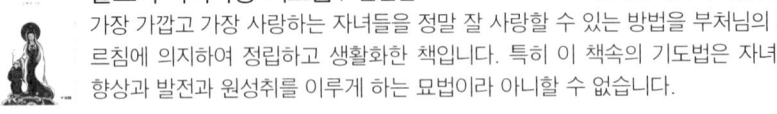
기도성취 백팔문답 / 김현준   신국판 240쪽 7,000원
기도에 대한 정의·기도와 믿음·기도를 방해하는 번뇌망상·업장소멸·꾸준한 기도의 효험·원을 세우는 법·축원법·각종 기도가피·기도성취의 시기·성취를 위한 하심법 등 기도에 관한 여러 궁금증들을 원리에 입각하여 풀이하였습니다.

참회와 사랑의 기도법 / 김현준   신국판 192쪽 6,000원
참회의 정의에서부터 참회기도를 해야하는 까닭, 절을 통한 참회법·염불참회법·주력참회법·가족을 향한 참회법, 기도 축원의 구체적인 내용 및 자비의 기도가 갖는 효과, '백중과 영가천도'등에 대해 아주 상세하게 설명하고 있습니다.

참회·참회기도법 / 김현준   신국판 160쪽 5,000원
참회의 참된 의미, 절·염불을 통한 참회법, 참회인의 마음가짐, 이참법 등을 영험담들과 함께 감동 깊게 엮은 책으로, 참회를 통해 행복하고 자유로운 삶을 사는 방법을 열어주고 있습니다.

다량의 법보시는 할인 혜택을 드립니다. 출판사로 연락 주십시오. ☎ (02) 582-6612

기도 성취의 지름길 (2019년 신간) / 우룡스님　　　4×6판 160쪽 4,000원
가족을 위한 기도와 기도 성취의 원리에 초점을 맞춘 감동적인 기도법문입니다. 제1부「가족 행복을 위한 기도」에서는 가족을 향한 참회와 절의 필요성, 3배 기도의 큰 영험에 대해 일러주고 있으며, 제2부「빠른 기도 성취의 길」에서는 믿음과 정성이 뒤따라야 기도 성취를 잘할 수 있고, 기도의 고비를 잘 넘겨야 능히 행복과 대해탈의 문이 열린다는 것을 많은 이야기를 곁들여 설하고 있습니다.

기도 이야기 (신간) / 우룡스님　　　　　　신국판 204쪽 6,000원
"스님, 기도로 소원을 성취할 수 있습니까?" 총 6장 45편의, 참으로 재미있는 기도성취 영험담이 수록된 이 책을 읽고 기도를 하면, 불보살님과 통하는 감응의 길이 열리면서 심중소원을 빨리 성취하게 됩니다. 또한 이야기 끝에 붙인 큰스님의 해설은 기도의 방법을 쉽게 터득할 수 있도록 이끌어줍니다.

신묘장구대다라니 기도법 / 우룡스님·김현준　　신국판 208쪽 6,000원
신묘장구대다라니를 외우면 생겨나는 가피와 공덕, 기도의 방법과 주의할 점, 우룡스님이 들려주는 14편의 영험담, 대다라니의 근본경전인『무애대비심다라니경』을 수록하고 있는 이 책을 읽고 자신있게 기도하면 심중 소원의 성취와 기적같은 체험도 할 수 있습니다.

법화경 (독송용) / 김현준 역　　　　　　양장본 4x6배판 576쪽 20,000원
법화경 한글사경 / 김현준 역　　　　　　　　　　4x6배판 각권 120쪽 내외
　　　　　　　　　　　　　　　　　　전5책 권당 4,000원 5권 총 20,000원

불교 최고 경전인 법화경! 이 경을 독송하고 사경해 보십시오.
소원성취는 물론 깨달음과 경제적인 풍요까지 안겨줍니다.

법화경을 독송하고 사경하면 부처님과 대우주법계의 한량없는 가피가 저절로 찾아들어 업장소멸은 물론이요 갖가지 소원을 두루 성취할 수 있습니다. 특히 밝은 지혜를 얻고 크게 향상하게 되며 경제적인 풍요와 사업의 번창 · 입시등 각종 시험의 합격 및 승진이 쉬워지고 가족 모두가 평온하고 복된 삶을 누리며, 병환 · 재난 · 가난 등 현실의 괴로움이 소멸되고 부모 친척 등의 영가가 잘 천도되며 구하는 바가 뜻과 같이 이루어집니다.

자비도량참법 / 김현준 역　　　　　양장본 528쪽 18,000원

참되이 참회하시기를 원하십니까? 자비도량 참법 기도를 하십시오. 나의 허물과 죄업의 참회에서 시작하여 부모 스승 친척 등 육도 속을 윤회하는 온 법계 중생의 업장과 무명까지 모두 소멸시켜줍니다. 이 참법을 행하다 보면 저절로 참회의 마음이 깊어지고 자비가 충만하여지고 환희심이 넘쳐 나게 됩니다.

큰활자본 지장경 / 김현준 편역　　　　　4×6배판 208쪽 7,000원
지장보살본원경 / 김현준 편역　　　　　　신국판 208쪽 6,000원

지장기도를 하는 분들을 위해 ① 지장경을 처음부터 끝까지 1번 독송, ② '나무지장보살'을 천번염송, ③ 지장보살예찬문을 외우며 158배, ④ '지장보살'천번 염송의 4부로 나누어 특별히 만들었습니다.
지장경 독경 및 지장보살예찬과 염불을 할 때, 각 장 앞에 제시된 기도법에 따라 기도를 하게 되면, 지장보살의 가피 속에서 틀림없이 영가천도 · 업장소멸 · 소원성취 · 향상된 삶을 이룩할 수 있게 됩니다.
이 두 책의 내용은 같으며, 활자 및 책크기만 다릅니다.

● 아름다운 우리말 경전 시리즈 ●

금강경 / 우룡스님 역 국반판 100쪽 2,000원
'금강경을 우리말로 보급하겠다'는 원력에 의해 제작된 책.

관음경 / 우룡스님 역 국반판 100쪽 2,000원
관음경의 번역과 함께 관음기도와 염불법에 대해 자세히 설한 책.

보현행원품 / 김현준 편역 국반판 100쪽 2,000원
보현보살의 십대원을 설하여 참된 보살의 길로 이끌어주는 책.

약사경 / 김현준 편역 국반판 100쪽 2,000원
한글 번역과 함께 약사기도법과 약사염불법에 대해 자세히 설한 있는 책.

지장경 / 김현준 편역 국반판 196쪽 3,500원
편안한 번역으로 쉽게 이해할 수 있도록 하였으며, 기도법도 자세히 수록한 책.

부모은중경 / 김현준 역 국반판 100쪽 2,000원
부모님의 은혜를 느끼며 기도를 할 수 있게 엮은 책.

초발심자경문 / 일타스님 역 국반판 100쪽 2,000원
신심을 굳건히 하고 수행에 대한 마음을 불러일으키게끔 하는 책.

법요집 / 불교신행연구원 편 국반판 100쪽 2,000원
법회와 수행 시에 필요한 각종 의식문, 좋은 몇 편의 글들을 수록한 책.

선가귀감 / 서산대사 저·용담스님 역 국반판 160쪽 3,000원
선수행 뿐 아니라 참회 염불 육바라밀 등 불교의 요긴한 가르침을 담은 책.

● 많이 찾는 기도 독송용 한글 경전 ●

한글 보현행원품 (신간) / 김현준 편역 4×6배판 112쪽 4,000원
보현행원품과 예불대참회문을 함께 실어 독경 후 행원품에 근거한 전통적인 108배를 행할 수 있도록 만들었으며, 독송 방법과 대참회의 의미 등도 상세히 설명하였습니다.

한글 금강경 / 우룡스님 역 4×6배판 112쪽 4,000원
책 크기만큼 글씨도 크게 하고 한자 원문도 수록하였으며, 독송에 관한 법문도 첨부하였습니다. 사찰 및 가정에서의 독송용으로 매우 좋습니다.

한글 약사경 / 김현준 편역 4×6배판 100쪽 3,500원
아주 큰 활자로 약사경 한글 번역본을 만들었습니다. 약사경 독경 방법 및 약사염불법도 함께 실어 기도에 도움이 되도록 하였습니다.

한글 관음경 / 우룡스님 역 4×6배판 96쪽 3,500원
커다란 글씨의 관음경 해설과 함께 관음경의 원문과 독송법, 관음 염불 방법 등을 수록하여 관음경의 가르침을 쉽게 이해하도록 하였습니다.

관세음보살 명호사경 (1책으로 1만8백번 사경)
지장보살 명호사경 (1책으로 1만번 사경) 각 권 208쪽 7,000원
'관세음보살'이나 '지장보살'의 명호를 쓰면서 입으로 외우고 마음에 새기면, 관세음보살님과 지장보살님의 가피를 입어 몸과 마음이 큰 변화를 이루고, 마음속의 원을 능히 성취할 수 있습니다.

영험 크고 성취 빠른 각종 사경집

광명진언 사경 (가로쓰기:1080번 사경)　　　　128쪽　4,000원
광명진언 사경 (세로쓰기:1080번 사경)　　　　128쪽　4,000원
눈으로 보고 입으로 외우고 손으로 쓰고 마음으로 새기는 광명진언 사경은 크나큰 성취를 안겨줍니다.

금강경 한글사경 (1책으로 3번 사경)　　　　　144쪽　5,000원
금강경 한문사경 (1책으로 3번 사경)　　　　　144쪽　5,000원
금강경 한문한글사경 (1책으로 1번 사경)　　　100쪽　3,500원
요긴하고 으뜸된 경전인 금강경을 사경해 보십시오. 업장소멸과 함께 크나큰 깨달음과 좋은 일들이 저절로 다가옵니다.

아미타경 한글사경 (1책으로 7번 사경)　　　　116쪽　4,000원
살아 생전 또는 부모나 가까운 분이 돌아가셨을 때 이 경을 쓰면 극락왕생이 참으로 가까워집니다.

반야심경 한글사경 (1책으로 50번 사경)　　　 116쪽　4,000원
반야심경 한문사경 (1책으로 50번 사경)　　　 116쪽　4,000원
반야심경을 사경하면 호법신장이 '나'를 지켜주고, 공의 도리를 깨달아 평화롭고 안정된 삶이 함께 합니다.

신묘장구대다라니 사경 (50번 사경)　　　　　116쪽　4,000원
대다라니를 사경하면 관세음보살님과 호법신장들이 '나'와 주위를 지켜주고 소원성취와 동시에, 행복하고 자비심 가득한 마음을 가질 수 있도록 해줍니다.

천수경 한글사경 (1책으로 7번 사경)　　　　　112쪽　4,000원
천수경을 사경하고 독송하면 천수관음의 가피가 저절로 찾아들어, 업장 및 고난의 소멸과 갖가지 소원을 쉽게 성취할 수 있습니다.

관음경 한글사경 (1책으로 5번 사경)　　　　　112쪽　4,000원
관음경을 사경하면 늘 행복이 함께 하며, 학업성취 · 건강쾌유 · 자녀의 성공 · 경제문제 등에도 영험이 매우 큽니다.

지장경 한글사경 (1책으로 1번 사경)　　　　　144쪽　5,000원
지장경을 사경하고 독송하면 영가천도는 물론이오, 각종 장애가 저절로 사라지고 심중의 소원이 성취됩니다.

약사경 한글사경 (1책으로 3번 사경)　　　　　112쪽　4,000원
약사경을 사경하면 약사여래의 가피가 저절로 찾아들어, 병환의 쾌차, 집안 평안, 업장소멸을 비롯한 갖가지 소원을 쉽게 성취할 수 있습니다.

삶의 향기를 더해주는 일타큰스님의 법문집

윤회와 인과응보 이야기　　　　　　　　신국판 240쪽 7,000원
"죽음 뒤의 세상과 윤회, 내가 지은 업은 어떻게 전개될 것인가?" 이러한 의문의 해답을 일러주고자 총 49가지 이야기로 엮은 이 책을 읽다 보면 윤회와 인과응보에 대한 해답을 명확하게 얻을 수 있게 됩니다.

불자의 마음가짐과 수행법　　　　　　　신국판 192쪽 6,000원
불자들이 큰 행복과 대자유를 얻기 위해서는 어떠한 마음가짐으로 살아야 하며, 참선·염불·간경·주력의 불교 4대 수행법을 어떻게 닦아야 하는가를 갖가지 비유를 들어 상세히 설하고 있습니다.

부드러운 말 한마디 미묘한 향이로다　　　신국판 240쪽 7,000원
일타스님 대표 법문집. 삶의 이유, 복된 삶 이루는 방법, 보시와 지계, 도 닦는 법, 지혜성취법 등의 맑고 주옥같은 법문으로 행복의 세계로 향하는 문을 열어주고 있습니다.

초심-시작하는 마음　　　　　　　　　　신국판 272쪽 8,000원
보조국사의 『계초심학인문』을 알기 쉽게 풀이한 책. 불교를 믿는 초심자들이 가장 먼저 읽었던 계초심학인문을 풀이한 이 책을 읽게 되면 진리를 향한 첫걸음을 쉽게 옮길 수 있습니다.

발심수행장-영원으로 향하는 마음　　　　신국판 240쪽 7,000원
원효대사의 발심수행장을 풀이한 이 책을 읽다 보면 지금 여기에서 영원과 행복의 문을 여는 비결, 나와 남을 함께 살리는 길, 깊은 신심을 이루고 참된 발심을 하는 방법을 터득할 수 있습니다.

자경문-자기를 돌아보는 마음　　　　　　신국판 280쪽 8,000원
야운스님의 자경문을 풀이한 책으로, 인간이 윤회하는 까닭, 참된 나를 찾는 묘법, 해탈을 이루는 비결, 공부할 때의 마음가짐과 하심법, 자비평등심, 깨침의 원리 등을 상세히 밝혀 놓았습니다.

불자의 기본 예절　　　　　　　　　　　신국판 160쪽 5,000원
불교 예절의 근본이 되는 마음가짐과 말씨, 걸음걸이와 앉음새, 합장법, 절하는 법, 법당에서의 예절, 법문 듣는 법 등 절집안의 생활 예절을 보다 쉽게 접할 수 있도록 많은 이야기를 곁들여 재미있게 엮었습니다.

오계이야기　　　　　　　　　　　　　　신국판 160쪽 5,000원
살생·투도·사음·망어·음주의 5계에 대한 법문집. 재미있는 일화를 들어 각 계율의 연원과 지키는 방법, 계율을 범했을 때의 과보 등을 자세히 설했습니다. 복된 불자의 길로 나아가게 하는 불자의 필독서입니다.

범망경 보살계　　　　　　　　　　　　　신국판 508쪽 15,000원
일타스님 일평생의 역작. 십중대계와 48경계를 명쾌하고 간절하게 풀이한 이 책을 읽다 보면 어둔 밤에 밝은 등불을 만난 것과 같은 환희심과 함께 참된 불자의 길을 알 수 있게 됩니다.

법공양문　　　　　　　　　　　　　　　신국판 288쪽 8,000원
부처님과 역대 스님들의 감명 깊고 배움 깊은 총 45편의 법문을 엄선하여, 일타스님께서 명확하게 번역한 책. 늘 옆에 두고 읽으면 좋습니다.

읽을수록 신심을 북돋우는 책

리틀 붓다, 행복을 찾아서 / 클라우스 미코슈 지음·김연수 옮김
재치와 감동과 따뜻함이 있는 이야기. 지혜로운 삶에 관한 이야기. 꿈과 성취와 행복이 담긴 이야기. 소중한 삶의 주제들로 가득 채워진 이 책을 읽다 보면 진정한 행복이 무엇인지를 깨닫게 되고, 우리의 불성이 깨어나고 있음을 느낄 수 있게 됩니다.
컬러양장본 184쪽 12,000원

마음밭을 가꾸는 불자 / 보성스님   신국판 272쪽 8,000원
주인 노릇하며 사는 법, 기도성취의 기본원리, 참회법, 천도재, 백중기도법, 생활 속의 불교수행법, 등에 대해 심도있게 조명한 책.

행복을 여는 부처님의 가르침 / 혜인스님   신국판 160쪽 5,000원
부모님의 은혜, 인과법과 마음씨, 신심·구업口業·보시·인욕 등 행복한 삶을 사는 데 있어 꼭 필요한 내용들을 명쾌하게 설한 책.

기상천외의 스님들 / 서경수 글·김현준 엮음   신국판 224쪽 7,000원
원효대사, 도선국사, 나옹선사, 신돈, 활해선사, 허주스님, 영산스님, 환옹선사, 경허선사, 수월선사, 혜월선사 등 11분 스님들의 사상과 진면목을 발견하고 생생한 발자취를 좇는 책입니다.

사성제와 팔정도 / 김현준   국판 240쪽 7,000원
부처님께서 중생들로 하여금 가장 빨리 깨달음과 행복의 길로 나아가도록 하기 위해 창안하신 사성제와 팔정도. 이 불교의 핵심교리에 대해 많은 이야기를 섞어 알기 쉽고 분명하게 풀이하였습니다.

삼법인·중도 / 김현준   국판 160쪽 5,000원
우리의 삶이 제행무상이요 제법무아임을 확실히 체득하게 되면 능히 열반적정을 이루게 된다는 것을 밝힌 삼법인과, 중도란 무엇이며 중도 속의 수행과 삶 등에 대해 명확하게 해설하고 있습니다.

인연법 / 김현준   국판 224쪽 7,000원
가장 많이 쓰는 단어인 인연! 이 인연을 삶·괴로움·진리·마음씨·희망·행복·기도성취 등과 연결시켜 살펴봄으로써 우리의 삶을 한없이 윤택하게 만들어 주고 있습니다. (12연기법도 쉽게 풀이함)

육바라밀 / 김현준   국판 192쪽 6,000원
보시·지계·인욕·정진·선정·반야의 육바라밀에 대해, 그 원리에서부터 구체적인 실천방법까지를 재밌게 서술함으로써, 깨달음 깊은 삶과 복되고 청정한 삶의 길로 나아갈 수 있게 하였습니다.

자비 실천의 길 사섭법 / 김현준   국판 192쪽 6,000원
참된 평화와 행복을 안겨주는 사섭법인 보시·애어·이행·동사섭이 필요한 까닭에서부터, 어떻게 하여야 사섭법을 잘 실천하고 응용하고 성취할 수 있는지를 자세히 풀이하고 있습니다.

알기 쉬운 경전 해설서

예불문, 그 속에 깃든 의미 (신간) / 김현준　　신국판 256쪽 7,000원
많은 불자들이 궁금해 하면서도 마땅히 답을 얻기 어려웠던 오분향의 의미와 지심귀명례하는 방법, 불법승 삼보의 내용과 문수·보현·관음·지장보살, 십대제자·16나한·5백나한·천이백아라한·역대조사, 그리고 사부대중의 화합 등의 내용을 모두 담았습니다.

생활 속의 천수경 / 김현준　　신국판 280쪽 8,000원
천수관음은 어떤 분이며, 천수관음을 청하는 법과 가피를 얻는 법, 신묘장구대다라니의 풀이와 공덕, 참회 성취의 비결 및 준제기도, 주요 진언의 뜻풀이, 각종 소원을 이루는 방법 및 기도법 등을 상세하게 풀이하고 있습니다.

생활 속의 금강경 / 우룡스님　　신국판 304쪽 8,000원
금강경의 심오한 내용을 알기 쉽게 풀이하고 일상생활과 접목시켜 강설함으로써 삶의 현장에서 금강경의 가르침을 능히 응용할 수 있도록 하였고, 감동을 주는 일화들을 많이 삽입하여 재미를 더해주고 있습니다.

생활 속의 관음경 / 우룡스님　　신국판 240쪽 7,000원
관세음보살보문품인 관음경을 통하여 관세음보살의 본질, 일심칭명과 재난 소멸법, 공경예배와 소원 성취법, 관세음보살을 관하는 법 등에 대해 여러 가지 영험담과 함께 감동적으로 풀이하고 있습니다.

생활 속의 반야심경 / 김현준　　신국판 272쪽 8,000원
공空의 의미, 모든 괴로움의 원인과 괴로움에서 벗어나는 방법, 색즉시공 공즉시색의 참뜻, 걸림 없고 진실불허한 삶을 이루는 방법 등을 반야심경의 경문을 따라 쉽고 상세하고 재미있게 풀이하고 있습니다.

생활 속의 보왕삼매론 / 김현준　　신국판 240쪽 7,000원
불자들이 즐겨 독송하는 『보왕삼매론』을 해설한 이 책은 병고 해탈, 고난 퇴치, 마음공부와 마장 극복, 일의 성취, 참사랑의 원리, 인연 다스리기, 공덕 쌓는 법, 이익과 부귀, 억울함의 승화 등 누구나 인생살이에서 겪게 되는 장애들을 속 시원하게 뚫어주고 있습니다.

육조단경 / 김현준　　신국판 240쪽 7,000원
육조 혜능대사께서 설한 선종의 근본 경전으로 인간의 참된 본성을 보게 하여 마음을 치유하고 깊은 깨달음을 열어주는 불자의 필독서.

선가구감 / 서산대사 저·용담스님 역주　　신국판 240쪽 7,000원
선수행 뿐 아니라 참회·염불·육바라밀 등 불교의 요긴한 가르침을 일목요연하게 정리하여 불자들의 신심과 정진에 큰 도움을 주는 책.

사찰 그 속에 깃든 의미 / 김현준　　신국판 320쪽 9,000원
사찰 초입의 일주문·천왕문·불이문, 사물四物·석등·탑, 각종 법당 등에 담겨진 의미와 구조·변천 등을 깊이 있게 다루어 불교예술과 사찰에 대한 새로운 시각을 열어줍니다.

참 생명을 찾는 경봉스님 가르침 / 김현준 엮음　　신국판 192쪽 6,000원
경봉스님께서 설한 법문집. 참 생명을 찾는 공부 방법과 도와 인생의 실체, 이 사바세계를 무대로 삼아 멋있게 사는 법 등을 다양한 이야기와 함께 엮은 책입니다.